本书受教育部人文社会科学研究青年基金项目“智慧教学环境支撑的大学生学业预警与干预研究（项目编号：20YJCZH046）”的资助

数字化教学分析丛书

主编 / 刘清堂

面向个性化学习的学习者情感建模及其应用

黄焕 著

華中師範大學出版社

新出图证(鄂)字10号
图书在版编目(CIP)数据

面向个性化学习的学习者情感建模及其应用/黄焕著. —武汉：华中师范大学出版社，2021.6
(数字化教学分析丛书/刘清堂主编)

ISBN 978-7-5622-9426-9

Ⅰ.①面… Ⅱ.①黄… Ⅲ.①学习心理学—研究 Ⅳ.①G442

中国版本图书馆CIP数据核字(2021)第089617号

面向个性化学习的学习者情感建模及其应用

责任编辑：卢格蕙 **责任校对：**刘少玲 **封面设计：**胡 灿
编辑室：学术出版中心 **电话：**027-67867792
出版发行：华中师范大学出版社有限责任公司
社址：湖北省武汉市洪山区珞喻路152号 **邮编：**430079
电话：027-67863426(发行部) **传真：**027-67863291
网址：http://press.ccnu.edu.cn **电子信箱：**press@mail.ccnu.edu.cn
印刷：广东虎彩云印刷有限公司 **督印：**刘 敏
开本：710mm×1000mm 1/16 **印张：**9.75
字数：160千字 **版次：**2021年8月第1版
印次：2021年8月第1次印刷 **定价：**35.00元

欢迎上网查询、购书

序　　言

教育信息化是实现教育现代化的核心推动力。在大数据、人工智能、深度学习等新兴信息技术发展及融合的推动下，混合式学习、“互联网＋教育”、智能教育等成为当前教育信息化的新形态，并呈现出新特征。信息技术不仅是教育的手段和方法，更是变革教育教学模式、构建教育新生态的内生驱动力。

我国高度重视教育信息化，各部委制定了相关战略规划，并出台了一系列相关政策，推动信息技术与教育教学的深度融合与应用创新，如 2016 年教育部制定《教育信息化“十三五”规划》，2017 年发布《新一代人工智能发展规划》，2018 年推出《教育信息化 2.0 行动计划》等，强调利用大数据、人工智能等变革教育模式，利用数据驱动实现因材施教、个性化教学，培养具有“沟通能力（Communication）、团队协作（Collaboration）、批判性思维（Critical Thinking）和创新能力（Creativity）”等“4C”能力的创新型人才。

作为国家教育信息化研究的一支重要力量，华中师范大学研究团队一直致力于教育信息化的基础理论、标准与方法，环境与资源建设，信息技术创新应用，教育信息化智库等研究工作，并在教师教育信息化、高校教育信息化、信息化与基础教育均衡发展、中小学信息技术教育等方面取得显著的研究成果。近年来，华中师范大学研究团队获得了国家级教学成果特等奖在内的多个奖项，成为国际、国内教育信息化领域学科建设、科学研究、人才培养和社会服务的重要基地。

“数字化教学分析丛书”汇聚华中师范大学开展教育信息化科学研究和应

用实践成果，以教师和学生为研究主体，聚焦“智慧课堂”“在线教育”等学习环境，分别以教学行为、教学反思、学习者情感、学习参与和数字阅读等为研究对象，利用教育数据挖掘、学习分析等方法，探索数据驱动的教与学行为分析模型和新方法。其中：

《数字阅读行为量化分析方法及应用》以数字阅读为对象，围绕“如何实现数字阅读过程量化?”“如何实现阅读理解水平量化?”“如何以量化分析为基础开展学习评价应用?”三方面展开研究。该书提出了数字阅读学习分析应用模型，确立数字阅读过程分析指标体系，提出了阅读过程投入水平量化分析方法，构建了基础性、应用性、分析性、综合性四个层次理解能力分析框架，提出了基于概念图的阅读理解水平量化分析方法，探讨了量化分析技术与数字阅读教学实践融合的方法。该研究是在数字阅读的生理机制、认知加工特点和学习策略等基础上，利用学习分析技术探索学习者数字阅读特征和规律挖掘的理论与方法，对于破解数字化学习环境中阅读能力评价准确率问题具有重要的参考价值。

《网络研修中教师教学反思分析方法及应用》利用学习分析技术方法破解教师网络研修中用户参与不足、协同知识建构聚焦度不够等问题，以教学反思为研究对象，从教学反思分析与评价的视角开展研究。其研究的核心内容在于网络研修中教师教学反思分析编码理论及系统、教学反思自动编码方法、教师教学反思分析方法，以及教师教学反思分析系统开发与应用等。网络研修中教师教学反思分析方法应用于“中小学教师国家级培训计划”，对于教师培训质量提升和教学能力的发展具有重要的理论和实践价值。

《基于视频的课堂教学行为分析理论与实践》一书通过梳理已有的课堂教学分析与评价理论体系，创新数字化课堂的教学分析、评价技术和方法，增强课堂教学观察、分析与评价的科学性与可操作性。其核心技术与方法包括课堂教学行为分析编码系统、课堂教学互动行为分析模型、课堂教学互动行为分析方法及其应用实践案例等，所凝练的研究成果对于数字化课堂教学互动特征的科学分析，发展教师信息化教学能力、分析与评价能力等具有重要意义。

《在线学习中学生参与度模型及应用研究》关注学生参与度精确度量问题，探索可信的、可度量的学生参与度模型，对学生的行为参与、认知参与、情感参与进行精确的刻画分析。其研究特色体现在：构建 S-TEC 学生参与度模型，为学生参与度分析提供理论支撑与量化依据；提出基于综合权重的学生行为参与度分析方法，从行为参与的频度、广度、深度对学生行为参与度进行深入分析；提出基于灰色偏相关的学生认知参与度分析方法，从认知参与深度与广度对学生认知参与度进行深入分析；提出云模型支持下的学生情感体验度分析方法，从学生情感体验的角度实现对学生情感参与度的量化分析。

《面向个性化学习的学习者情感建模及其应用》围绕“学习者情感模型”展开研究。学习者模型是智能教学系统的核心组件，对于在线教学系统的个性化、适应性和智能性应用具有重要作用。该研究以学习者发表的微博为数据源，探索学习者情感建模技术和方法，核心内容包括基于微博分析的情感建模框架、基于单分类算法的情感性微博识别方法、基于词聚类技术的微博情感语义表征方法、基于元学习策略的微博情感类别判定方法，以及基于学习者情感的个性化学习服务机制等。学习者情感建模对于破解在线教育中学习者情感缺失、学习氛围构建等问题，具有重要的实践应用价值。

完成这篇序言时，我们正处于新冠肺炎疫情期间的“停课不停学”状态，全国规模之大、范围之广、程度之深的在线教学，这是世界教育史上前所未有的创举和首次实验。在线教学将深刻地影响教育的教与学形态、学校管理模式、评价方式，乃至教育教学的生态环境。融合“互联网＋”“智能＋”技术的在线教学已成为学科发展的重要方向。“我们再也不可能、也不应该退回到疫情发生之前的教与学状态，只能勇敢面对和适应新的教育形态。”本丛书整理的研究成果只是知识海洋中的一抹光亮，是学术旅途中的临时驿站。让我们整理行囊，扬帆启航，聚焦“互联网＋”“智能＋”教育，迈向科学研究的下一个目标。

是为序，激励我们一起跋涉！

刘清堂

2020 年 5 月 18 日于桂子山

前　　言

教育学和心理学的研究早已指出，每个学生都是不同的个体，理想的教育应该因材施教，为不同的学生提供适合其个性特征的教育服务。为了实现这一目标，一些著名的教育家在20世纪初就提出了一些有影响力的个性化教育理论，如著名的"道尔顿计划"、"文纳特卡计划"、"凯勒计划"等。但是，这些个性化教育理论的实施对学生和教师的要求都比较高，因此在保证教育规模的前提下很难持续实施，最终都淹没在了教育改革的历史长河之中。20世纪70年代以来，随着计算机和互联网的发展与应用，再加上人工智能的突破，一批智能辅导系统(Intelligent Tutoring System)和适应性教育超媒体系统(Adaptive Educational Hypermedia System)应运而生，为个性化学习的实现带来了新的曙光。

虽然智能辅导系统和适应性教育超媒体系统在形式上差异较大，但是二者存在一个共同的关键点——必须掌握学生的个性特征。从二者的体系结构来讲，都必须有一个学习者模型，以存储学习者的个性特征。然而，学习者的个性特征涉及的范围是非常广泛的，心理学至今也无法界定个性特征的范围。早期的智能辅导系统和适应性教育超媒体系统都是以学习者的知识状态作为学习者模型的主要成分，后来一些研究者又加入了学习者的认知偏好。近年来，随着情感计算(Affective Computing)技术的发展，很多国内外学者开始探索如何将学习者的情感也纳入学习者模型之中。因为心理学中关于情感的研究早已表明，情感对于很多认知过程，如注意、记忆、推理等，都存在显著的影响。为此，近年来已有大批学者对学习者情感建模的方法与技术进行了深入研究。

已有的学习者情感建模研究还存在一些不足之处：一是大多主要关注学习过程中的情感，忽略了学习开始前的情感，而学习开始前的情感状态也会影响学习者后续的学习过程和结果；二是没有针对智能辅导系统和适应性教育超媒体系统的实际应用需要，提出合适的学习者情感表征模型；三是对学习者情感的应用策略和实现机制还有待深入探讨。针对以上问题，本研究以学习者的学前情感建模为目标，首先根据学前情感的特征和系统的应用需要，以心理学中的情感模型为基础，提出了一个学习者学前情感表征模型。在此基础之上，本研究提出了基于微博的学前情感建模框架，并重点研究了其中三项关键技术：情感性微博的自动识别、情感性微博的情感语义表征、情感性微博的情感类别判定。最后，本研究对学前情感在适应性教育超媒体系统中的应用策略和实现机制进行了深入探讨。

根据以上逻辑，本书总共包括七章。第一章是个性化学习理论与技术概述，主要对个性化学习的相关理论、智能辅导系统和适应性教育超媒体系统的体系结构及学习者建模的技术进行了简要介绍。第二章是学习者情感建模研究现状与问题，主要对学习者情感建模的国内外文献进行系统梳理，从中总结出了学习者情感建模存在的主要问题。第三章是基于微博分析的学前情感建模框架，主要论述了学前情感建模的意义、特征，并提出了一个学前情感表征模型和基于微博分析的学前情感建模框架。第四章、第五章和第六章重点研究了学前情感建模涉及的三项关键技术：情感性微博的识别、情感性微博的情感语义表征和情感性微博的情感类别判定。第七章是基于学习者情感的个性化学习支持服务，深入探讨了学习者情感在适应性教育超媒体系统中的应用策略和实现机制。

本书的形成经历了一个漫长的过程，在这个过程中除了笔者自己做出了很多努力，还有很多人都为此付出了大量时间和精力，在此我想对他们逐一表示感谢。首先，我要感谢刘清堂教授和吴林静副教授。刘清堂教授是我硕士、博士阶段的导师，没有他的倾心指导可能就不会有本书的出版。吴林静副教授是我的师姐，每当遇到困难她都会耐心地指导、开导我，也为本书的形成付出了很多精力。其次，我想感谢我的爱人元帅博士和我的父母。元帅博士为了让我有更多的精力投入本书的撰写，几乎承担了所有的家务，同时还为本书提出了很多宝贵的修改建议。还有我的父母，没有他们的大力支持也不会有本书的出版。此外，本书受到了教育部人文社会科学研究项目“智慧教学环境支撑下的大学生学习预警与干预研究(20YJCZH046)”的资助，在此对教育部社会科学司也表示衷心的感谢。

虽然笔者在本书的撰写过程之中投入了很多的精力，花费了大量的时间来斟酌内容的组织和表达，力求做到不出现错误，但是，由于笔者学识有限，书中难免存在一些有待改进和提高之处，敬请各位读者不吝指正。

黄　焕

2020年11月27日于南湖畔

目　　录

第 1 章　个性化学习理论与技术概述

当前，人类社会进入了信息时代，互联网已深刻影响到人类社会生活的各个方面。在教育方面，E-Learning 已成为人们的一种主要学习方式，它打破了传统教育在时间和空间上的限制，扩大了教育的规模，促进了资源的共享。特别是近几年 MOOCs（Massive Online Open Courses）的快速发展，更是将 E-Learning 推向了一个新的高潮。然而，现有的大部分 E-Learning 平台为学习者提供的都是“千人一面”的学习服务，无法满足学习者的个性化需求。近年来，随着人工智能和大数据技术的发展，越来越多的学者开始关注个性化学习支持系统的设计与开发，试图为学习者提供个性化、适应性的学习支持服务。

虽然个性化学习支持系统的研究正在蓬勃开展，但依然存在很多问题有待解决。本章将首先介绍个性化学习支持系统的支撑理论，然后从技术的角度对个性化学习支持系统的体系结构进行深度剖析，最后对学习者建模的总体情况进行概述。

1.1　个性化学习理论

个性化学习的理论研究可以追溯到 20 世纪初美国的个别化教学思想。20 世纪初，美国一些教育家针对班级授课制存在着不利于照顾学生的个别差异、限制了学生的主体地位等问题，尝试用种种更能适应学生个别差异、尊重学生个性的教学组织形式或教学模式来弥补，甚至取而代之①。在这些尝试中，“道尔顿计划”和“文纳特卡计划”是20世纪20至30年代的典型代表。到20世纪60年代早期，“程序教学”作为个别化教学的典型代表席卷了美国教育界。而20世纪60年代末期的“凯勒计划”则产生了国际性影响，是美国个性化教学思想的集大成者。

1.1.1 道尔顿计划

“道尔顿计划”（亦称“道尔顿制”，Dalton Plan）是美国教育家帕克赫斯特（H. Parkhurst）1920年在马萨诸塞州的道尔顿市公立学校创立的，其后在纽约的道尔顿学校实施。为了照顾学生的个别差异和提升学生的主体地位，“道尔顿计划”包括了三项措施：第一，作业安排，即为学生规定经过周密计划的学习任务。这些任务以个别学生为立足点，是学生进行个别作业的指南。第二，实验室，即学生的作业室。一般按学科设置，配备有本学科学习所需要的参考书、实验器材、模型等，学生在实验室可以自学、与同学切磋或请教老师。第三，成绩记录，即对学生的学习成绩进行详细的记录，以保证学习的成效和进度。

1.1.2 文纳特卡计划

“文纳特卡计划”（亦称“文纳特卡制”，Winnetka Plan）是美国教育家华虚朋（C. WashBurne）在“道尔顿计划”的基础上提出的一种个别化教学组织形式。“文纳特卡计划”的目标同样是为了使教育“真正适应儿童的个别差异”。为实现这一目标，“文纳特卡计划”把课程分为两部分：第一部分是为了培养儿童将来生活所必需的知识和技能，是所有儿童必修的，称为“公共必修课”（Common Essentials）。这一部分属于“学科课程”，要求学生熟练掌握，所以须进行个别化教学，以更好地适应儿童的个性差异。第二部分是为了培养儿童的个人能力和社会意识，这是“课程中活跃而有生命的部分”，包括团体活动和创造性表现活动。这一部分属于“活动课程”，是为了

① 张华.课程与教学论[M].上海：上海教育出版社，2014：318-323.

使儿童表现自己和学会与他人交往，由儿童自己设计、进行，教师加以指导。

1.1.3 程序教学

“程序教学”的创始人通常被认为是教学机器（teaching machine）的发明人普莱西（S. Pressey）。但是，对程序教学贡献最大的却是美国著名心理学家斯金纳（B. F. Skinner）。1954 年，斯金纳发表了一篇题为《学习的科学与教学的艺术》的论文，阐述了操作条件反射原理的细节，描绘了在学校环境中促进人类学习的自动教学方法。这篇论文奠定了程序教学的理论基础。程序教学的基本思想是教师将教学内容分成许多小的学习单元，然后按照知识的逻辑关系顺序呈现给学生。学生以自己的速度进行学习，每学完一个单元后都需要完成一个练习，每次完成练习后都会得到及时反馈。学生只有掌握了前一个学习单元才能进入下一个学习单元。斯金纳的程序教学为直线式程序，即学习单元以直线方式呈现，所有学生都以同样顺序进行学习。后来，克劳德（N. A. Growder）在斯金纳直线式程序的基础上提出了分支式程序。分支式程序教学能够根据学生的反应结果呈现不同的学习内容，可以说是个性化学习支持系统的雏形。

1.1.4 凯勒计划

在“道尔顿计划”、“文纳特卡计划”和“程序教学”的基础上，美国著名心理学家、教育学家凯勒（F. S. Keller）于 20 世纪 60 年代末期确立了其“个别化教学体系”（Personalized System of Instruction，PSI），亦称为“凯勒计划”（Keller Plan）。凯勒在 1968 年发表的《老师，再见！》一文中系统阐述了其个别化教学体系的五个特征：第一，以掌握为指导。掌握规定的教学内容是教学的主要目标。学生对每一单元的掌握要达到“完美”（perfect）的程度。第二，学生自定步调。学生学习的步调由学生自己决定。第三，教师用少量几次讲课来激励学生。教师讲课的主要目标是激发学生的动机与兴趣，而不是向学生讲解教学内容。第四，使用指导性教材。教材要分成许多小单元，学生学完每一单元都要通过单元测验。要给学生提供学习指导教材，这些材料要包括对各单元教学目标的明确说明、教材内容的分析以及一些练习题等，使学生能够自学。第五，安排学生助理。学生助理可以帮助教师评阅测验试卷，辅导学习困难的学生，以及记录学生的学习进度。

通过对“道尔顿计划”、“文纳特卡计划”、“程序教学”和“凯勒计划”的综合分析可以看出，它们的出发点都是为了照顾学生的个别差异，使所有学生都能够掌握教学内容。为了实现这一目标，它们都强调教师要对教学材料进行精心设计，将教学内容分成许多小单元，按照知识的逻辑关系进行顺序呈现，学生主要通过教材自主学习，且自定步调。这些措施在一定程度上满足了不同学生的不同需要，但是，这些个别化教学模式或方法并没有真正满足学习者的个性化需求。因为所有学生面对的学习材料在内容、顺序、形式等方面都是完全相同的，并没有根据学生的个体差异而有所不同，离个性化学习倡导的因材施教还存在较大距离。在保证教育规模的前提下，如果信息技术尚未出现或仍处于萌芽时期，要想适应不同学习者的不同需求，真正实现个性化教学，是根本不可能的，甚至是无法想象的①。但是，20 世纪 70 年代以来，多媒体计算机和 Internet 得到了迅猛发展和广泛应用，再加上人工智能技术的新突破，使得一批智能教学系统（Intelligent Tutoring System）和适应性学习支持系统（Adaptive Learning Support System）应运而生，为实现真正的个性化学习带来了希望。

1.2 个性化学习支持系统

为了实现个性化学习这一目标，国内外研究者早就开始探索利用人工智能技术来建构智能化的学习系统，从而为不同的学习者提供个性化的学习支持服务。经过几十年的研究，智能教学系统和适应性学习支持系统成为两种最具代表性的个性化学习支持系统。

1.2.1 智能教学系统

智能教学系统起源于 20 世纪 50 年代的程序教学，然后经历了计算机辅

① 何克抗.促进个性化学习的理论、技术与方法——对美国《教育传播与技术研究手册》(第四版)的学习与思考之三[J].开放教育研究，2017(2)：13-21.

助教学阶段[1]。程序教学就是将教学内容按一定的逻辑顺序分解成若干小单元，编制成教学程序，由学生自主学习。学生只有掌握了前一个学习单元的知识，才能开始下一个学习单元。与当时的教学相比，程序教学在技能领域取得了很大的成功，使学生在相应的领域内很快就达到了“会做”的要求，因此程序教学当时在美国被作为一种先进的教学方式得到了极大的推崇。由于程序教学阻断了师生间的交流，后来的实践效果并不理想，所以在 20 世纪 60 年代后就开始逐渐消退了。

进入 20 世纪 60 年代，计算机技术的发展驱使一部分人开始研究使用计算机进行个别化教学的方法。1985 年美国 IBM 公司基于 IBM650 设计了第一个计算机辅助教学系统，这标志着计算机辅助教学的开始[2]。计算机辅助教学是指利用计算机帮助或代替教师执行部分教学任务，传递教学信息，向学生传授知识或训练学生技能的活动。根据教学内容的生成方式不同，计算机辅助教学系统可分为面向帧的计算机辅助教学系统和生成式计算机辅助教学系统[3]。面向帧的计算机辅助教学系统与之前的教学机器非常相似，也是将教学内容拆分为若干个学习单元，然后将每个学习单元按照一定的逻辑顺序预置在程序的每一帧上，学生只能按照预置的顺序逐渐学习。与面向帧的计算机辅助教学系统不同，生成性计算机辅助教学系统是根据学生的行为反应自动地为其生成学习内容。相对于教学机器和面向帧的计算机辅助教学系统，生成性计算机辅助教学系统最大的特点是考虑了学生的行为差异，已显现出了一定的适应性，因此有学者认为生成性计算机辅助教学系统就是智能教学系统的雏形。但是，生成性计算机辅助教学系统只实现了对学习者行为的建模，还没有对学习者的知识进行建模，因此还不能算智能教学系统。

20 世纪 80 年代到 90 年代，随着人工智能的发展，一些研究者开始将人工智能技术引入计算机辅助教学系统。当时的典型代表人物是卡内基梅隆大学的卡波纳（Carbonell），他尝试将人工智能技术应用于计算机辅助教学系统，建立了第一个智能化的地理教学系统 SCHOLAR[4]。该系统有一个包

---

① 陈仕品.适应性学习支持系统的学生模型研究[D].重庆：西南大学，2009.

② 陈仕品.适应性学习支持系统的学生模型研究[D].重庆：西南大学，2009.

③ 陈仕品.适应性学习支持系统的学生模型研究[D].重庆：西南大学，2009.

④ NWANA H S. Intelligent Tutoring System：an Overview[J]. Artificial Intelligence Review，1990(4)：251-277.

含教学主题材料和授导教学规律的知识库，学生可以采用自然语言与系统进行交流互动，系统会据此从通用知识库中自动生成问题和反馈。SCHOLAR的出现标志着智能计算机辅助教学系统的开始[①]。1982年，史利曼（Sleeman）和布朗（Brown）回顾了智能计算机辅助教学系统的发展与研究现状，提出采用“智能教学系统（Intelligent Tutoring System）”这一专业术语来描述智能计算机辅助教学系统[②]。1988年，第一届智能教学系统国际会议在加拿大的蒙特利尔（Mentreal）召开，标志着智能教学系统的研究走向国际化[③]。自此，智能教学系统研究成为热点，很多学者开始投入到智能教学系统研究中，一大批智能教学系统也相继出现，典型代表有Geometry Tutor、SQL Tutor、Auto Tutor、VC Prolog Tutor、Slide Tutor等。

在智能教学系统中，学习者主要通过问题解决的方式来学习，系统很少为学习者直接提供学习材料。智能教学系统的最大特征是充分利用了学科专家的知识，能够准确诊断出学生的知识水平，并模仿真实教师为学生提供个性化的指导和反馈。为了能提供个性化的学习指导和反馈，智能教学系统应该包含五个组件：学生模型、领域知识模型、教学组件、学生诊断组件和界面组件（如图1-1所示）。学生模型是学习者认知特征的形式化表示，主要包括学习者的知识状态、认知能力、学习风格等特征；领域知识模型是对领域知识的形式化表示，是对各种知识元素及其关系的抽象描述；教学组件基于学生模型和领域知识模型，并根据一定的教学策略决定在什么情况下提供相应的指导和反馈；学生诊断组件负责收集学生的学习过程数据，并通过分析来更新学生模型中的信息；界面组件是学习者与智能教学系统之间交互的接口。

智能教学系统虽然充分利用了学科专家知识，能够根据学习者的认知特征为其提供个性化的指导与反馈，但是，因为强调“教”的过程，所以通常只能支持对特定问题解决过程的指导，并不适用于支持大量学习材料的学习。而且，智能教学系统的程序控制往往较多，导致灵活性不高，学生的主体性难以体现，所以在促进个性化学习方面的应用仍然比较有限。

① 陈仕品.适应性学习支持系统的学生模型研究[D].重庆:西南大学,2009.

② 陈仕品.适应性学习支持系统的学生模型研究[D].重庆:西南大学,2009.

③ 陈仕品.适应性学习支持系统的学生模型研究[D].重庆:西南大学,2009.

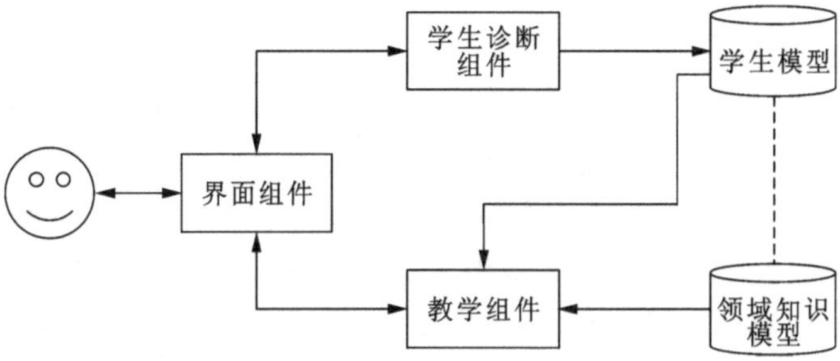

图 1-1　智能教学系统的基本框架

1.2.2　适应性学习支持系统

人们对适应性学习支持系统的研究起源于20世纪90年代初。当时，随着超媒体技术的发展与应用，一些研究者开始探索适应性超媒体（Adaptive Hypermedia，AH）技术和适应性超媒体系统（Adaptive Hypermedia System，AHS)。适应性超媒体系统是超媒体技术与人工智能技术相结合的产物，它通过在传统的超媒体系统中引入用户模型，从而使系统能够依据用户的个性特征提供一些适应性的支持服务。由于适应性超媒体系统对网络教育的意义更为突出，能够解决传统教育超媒体系统存在的一些关键问题，因此，后来适应性超媒体系统在网络教育中得到了非常广泛的应用，催生了很多适应性教育超媒体系统（Adaptive Educational Hypermedia System，AEHS)。这些适应性教育超媒体系统就是适应性学习支持系统的初始形态。

适应性教育超媒体系统的适应性主要表现为两个方面：适应性学习内容呈现和适应性学习导航支持[①]。适应性学习内容呈现是指适应性教育超媒体系统能够根据学习者的个性特征为不同的学习者提供不同形式、不同难度的学习材料。适应性学习导航支持是指适应性教育超媒体系统能够根据学习者的个性特征为不同的学习者提供不同的导航链接，从而为学习者提供个性化的学习路径。近年来，随着人工智能技术的发展与应用，适应性学习支持系统的适应性功能已变得非常丰富，它不仅可以为学习者提供适应性学习内容

① 陈仕品.适应性学习支持系统的学生模型研究[D].重庆:西南大学,2009.

呈现和适应性学习导航支持，还可以为学习者提供适应性练习、适应性活动等个性化支持服务①。

不同于智能教学系统，适应性学习支持系统采用了超媒体的形式来组织和展示学习材料。这种形式不仅能够向学习者呈现大量的学习材料，而且超媒体的非线性结构比较符合人类的认知结构和联想思维方式，因此有利于学习者主动开展有意义的学习和知识建构。而且，在适应性教育超媒体系统中，学习者的学习进度、学习路径完全由自己决定，充分体现了学习者的主体地位。因此，不同于智能教学系统强调"教"的过程，适应性教育超媒体系统强调"学"的支持，通过为学习者提供个性化的学习材料和学习导航来支持、引导其学习过程②。

为了理解适应性学习支持系统的基本原理，我们有必要对适应性学习支持系统的参考模型进行深度剖析。在适应性学习支持系统研究过程中，国内外学者早已提出了很多优秀的系统模型，其中以 AHAM 和 EAHAM 的影响力最大。黛布拉（De Bra）等人早在 1999 年就提出了一个适应性超媒体应用模型（Adaptive Hypermedia Application Model，AHAM）③。AHAM 是第一个适应性教育超媒体系统参考模型，它指出领域模型（Domain Model）、用户模型（User Model）、适应性模型（Adaptive Model）是适应性超媒体系统的三个核心组件（如图 1-2 所示）。

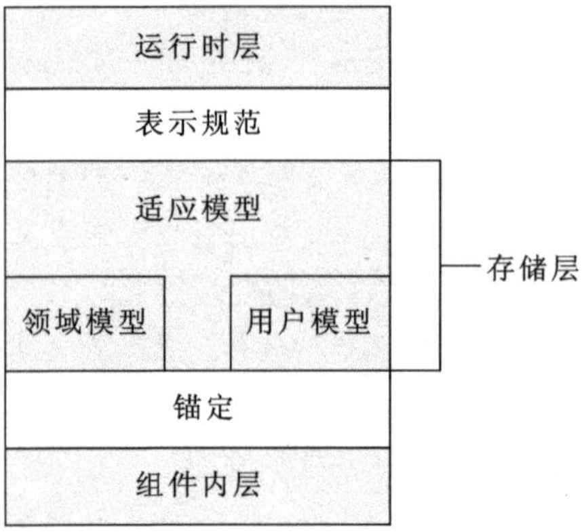

图 1-2　适应性超媒体应用模型（AHAM）

从图 1-2 可以看出，AHAM 将适应性教育超媒体系统从下到上分为三层，分别是组件内层（Within-

① 陈仕品.适应性学习支持系统的学生模型研究[D].重庆：西南大学，2009.

② 陈仕品.适应性学习支持系统的学生模型研究[D].重庆：西南大学，2009.

③ De Bra P, Houben G J, Wu H. AHAM: A Dexter-based reference model for adaptive hypermedia[C]//ACM Conference on Hypertext and Hypermedia (Hypertext' 99), Darmstadt, Germany, 1999(2): 147-156.

Component Layer)、存储层（Storage Layer）和运行时层（Run-time Layer）。三个层次之间既相对独立，层与层之间又具有一定的联系。存储层是整个系统的核心，包括领域模型、用户模型和适应性模型。其中，领域模型是领域知识的一种结构化表示，描述了领域中的主要概念及其相互关系；用户模型是用户数据的一种形式化表示，重点描述影响学习者学习的个性特征，如学习者的知识水平、学习兴趣、学习风格等；适应性模型描述了领域模型与用户模型的适应性规则，说明了系统应该如何实施导航适应性和内容适应性。在实际的适应性教育超媒体系统开发中，通常很少将适应性模型独立出来，而是将其嵌入适应性引擎（Adaptive Engine）。AHAM 在早期的适应性教育超媒体系统的设计与开发中得到了广泛的应用，如 AHA!、OntoAIMS、ACCT 等在实现上都参照了该模型。

在 AHAM 的基础上，阿罗约（Aroyo）等人在 2006 年进一步提出了增强适应性超媒体应用模型（Enhanced Adaptive Hypermedia Application Model，EAHAM）①。EAHAM 在 AHAM 的基础上对存储层做了进一步的扩展，包括领域模型、用户模型、情境模型（Contextual Model）、教学模型（Instructional Model）和适应性模型（如图 1-3 所示）。EAHAM 在 AHAM 的基础上进一步增加了情境模型和教学模型。情境模型主要用于存储学习者在学习时的情境信息，如地理位置、终端设备等，有利于进一步增强系统的适应性。教学模型是系统为了实现教学内容的适应性而根据领域模型和用户模型建立的一套教学规则。

从 AHAM 和 EAHAM 两个系统模型的结构不难看出，用户模型在适应性学习支持系统中也具有举足轻重的作用。它负责存储用于描述学习者的所有信息，尤其是那些反映学习者个性特征的信息，如学习者的知识掌握情况、认知能力、学习偏好、兴趣等，这些信息是适应性引擎向学习者提供个性化支持服务的重要依据。因此，用户模型中存储了哪些信息，这些信息是否准确，直接决定着后续提供的个性化支持服务是否真的符合学习者的需求。

---

① Aroyo L, Dolog P, Houben G J, Kravcik M, Naeve A, Nilsson M, Wild F. Interoperability in personalized adaptive learning[J]. Educational Technology & Society, 2006(2): 4-18.

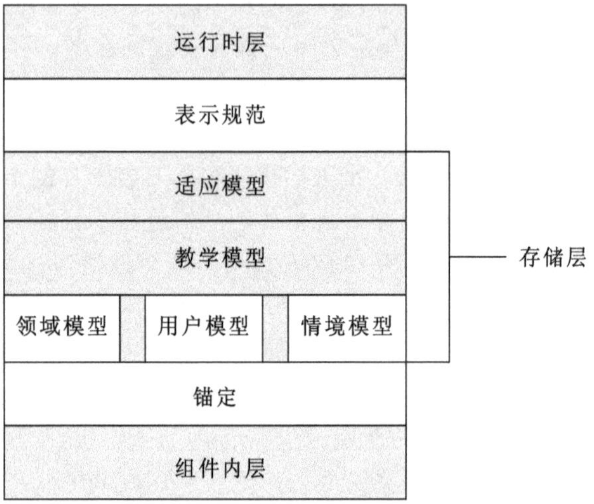

图 1-3 增强适应性超媒体应用模型（EAHAM）

1.3 学习者模型建构技术

从智能教学系统和适应性教育超媒体系统的体系结构不难看出，学习者模型是系统实施各种个性化学习支持服务的重要依据，在整个系统中具有重要的地位。因此，设计一个内容丰富、逻辑结构合理的学习者模型，并研发出一套自动化、精准化的建模方法与技术来获取学习者的各种特征参数就显得尤为重要。为了实现这一目标，近年来国内外学者已开展了大量的研究，提出了很多学习者模型中应包含的特征及相应的建模方法。

1.3.1 学习者模型的结构成分

建构学习者模型首先需要考虑的问题就是其中应该包含哪些特征要素。对于这一问题，其实并没有准确的答案，不同的学者从不同的视角出发给出了不同的意见。但是，研究者从学习者模型的作用出发，一致认为学习者模型中应该重点考虑那些对个性化学习服务生成具有重要影响的特征，如学习者的领域知识水平、学习风格、情感状态等。例如，美国匹兹堡大学的Brusilovsky教授提出，学习者模型中应包括学习者的知识掌握状况、学习风格、相关背景信息等①。国内的陈仕品在建构适应性学习系统的学习者模型时，重点考虑了基本特征、知识状态、认知风格和学习经历②。一般来说，以上提到的这些特征又可进一步分为两类：静态特征和动态特征。静态特征一般比较稳定，较少发生变化甚至一直不变，例如学习者的学历水平、学习风格等。动态特征则会随着学习进程而逐渐演变，例如学习者的领域知识水平、情感状态等。通过对学习者建模的相关文献进行系统梳理，我们从中总结出了以下五种典型特征：

（1）领域知识水平。学习者模型中最重要的一类特征就是学习者对领域知识的掌握状况。在很多智能教学系统和适应性学习支持系统中，领域知识掌握状况都是学习者模型中的核心内容，甚至是唯一内容。对学习者领域知识掌握状况建模不仅要描述学习者正确理解的知识，还应刻画学习者理解不正确的知识，以便于为其提供合适的补救措施。学习者的领域知识掌握状况不仅是适应性内容选择的重要依据，对于适应性内容展示也具有一定作用。然而，对学习者的领域知识掌握状况进行建模是一项富有挑战性的工作，因为学习者的领域知识掌握状况会随着学习过程的推进而不断发生变化。此外，领域知识通常是采用符合人类认知习惯的非结构化数据（如文字）来表征，学习者对某一知识的掌握程度通常也比较模糊，很难用一个精确的数字来描述，因此对学习者的领域知识掌握状况进行形式化描述也就比较困难。

（2）学习风格。学习风格是指学习者在感知、收集、处理学习材料时表现出的不同模式和偏好。例如，有的学习者喜欢使用以文字为主的学习材料，而有的学习者则喜欢使用视频、音频学习材料；有的学习者喜欢独立自主学习，而有的学习者则更喜欢协作学习。学习风格是学习者模型中另一类非常重要的特征，对于学习内容的适应性展示具有重要意义，在很多智能教学系统和适应性学习支持系统中都已得到了广泛应用。相较学习者的领域知识掌握状况，学习者的学习风格相对来说比较稳定。因此，对学习者的学习

---

① Brusilovsky P, Millán E. User Models for Adaptive Hypermedia and Adaptive Educational Systems[M]//Brusilovsky P, Kobsa A, Nejdl W. The Adaptive Web, LNCS 4321. Berlin Heidelberg: Springer-Verlag, 2007: 3-53.

② 陈仕品.适应性学习支持系统的学生模型研究[D].重庆：西南大学，2009.

风格进行建模通常先采用心理学家设计的量表来获得初步的结果，然后通过分析学习者的学习行为对其进行必要的修正。从已有研究来看，研究者使用最多的学习风格理论模型是菲尔德（Felder R M）和希尔维曼（Silverman L K）提出的学习风格模型①。该模型依据学习者感知、输入、处理和理解学习材料的方式不同，依次将其分为感悟型与直觉型、视觉型与言语型、主动型与反思型、序列型和全局型。此外，部分研究还组合使用了多种学习风格模型。

（3）背景信息。背景信息是指学习者具备的对领域知识学习具有一定影响的人口特征、背景知识、相关经历的总和。从学习的认知过程可知，学习者已有的相关背景知识对于新知识的学习具有重要的影响。例如，学习者在学习“Java 程序设计”的时候，之前是否学习过“C 语言程序设计”或者其他相关课程无疑会影响其学习过程。此外，学习者的某些人口特征、相关经历也会影响其学习过程和结果。例如，学习者的母语对于某些语言的学习无疑具有重要影响，学习者曾经是否使用过在线学习系统对于其学习过程也会产生一定的影响。一般来说，这些背景信息的选择与具体的学习内容非常相关。不过，相对于学习者的领域知识掌握状态，这些相关的人口特征、背景知识和经历通常比较稳定，在整个学习周期中基本都不会发生变化。因此，在学习者开始学习之前，可以通过问卷来直接收集这些背景信息。

（4）情感状态。对学习者情感状态的建模是近年来随着情感计算技术的兴起而出现的。心理学的研究早已表明，学习者的情感状态对其学习过程和结果都具有重要的影响。相对于传统的学习情境，E-Learning 表面上看只是将学习内容的传播者由教师变成了数字化学习资源，但是这种转变意味着学生在学习过程中的主要交互对象由鲜活的教师变成了冰冷的数字化学习资源，这会让学习者感到孤独，从而大大地削弱了学习者的学习动力。虽然在 E-Learning 中通过聊天室、论坛的支持也可以实现师生、生生之间的同步或异步交互，但由于这种交互处于空间分离甚至时空分离状态，因此也大大降低了交互的体验感。而且，这种交互与学习过程的耦合度不高，因此对学习过程的作用也较小。可见，对学习者在学习过程中的情感状态甚至学习前

① Felder R M，Silverman L K.Learning and teaching styles[J].Engineering Education，1988，78(7)：674-681.

的情感状态进行建模是非常重要的。通过对学习者的情感状态进行建模，智能教学系统和适应性学习支持系统可以据此为其选择不同的学习内容，提供不同形式的展示方法。

（5）认知和元认知能力。认知能力是指人脑加工、存储和提取信息的能力，如记忆、理解、分析、概括、想象、思维等能力。认知能力被认为是人们完成活动最重要的心理条件。学习作为一种复杂的认知过程，当然与学习者的认知能力具有重要的联系。因此，学习者的认知能力应该成为学习者模型中非常重要的一部分。然而，由于认知能力比较复杂，很难对其进行准确的描述和量化。因此，直到近年来国内外学者才开始探索学习者认知能力的建模。除了学习者的认知能力，学习者的元认知能力也对其学习过程和结果具有重要影响，应该成为学习者模型中的内容。元认知能力是指学习者积极监督、调节和反思自身认知过程的能力，典型的元认知能力包括反思、自我监视、自我调节、自我评价和自我管理等能力。近年来，人们对学习者的研究已逐渐从对其外在行为的分析转向对其内在情感、认知和元认知的探究，越来越多的学者正在积极地探索学习者认知能力和元认知能力的建模。

1.3.2 学习者特征的建模方法

建构学习者模型除了需要深入思考学习者模型的构成要素，还需要在此基础上进一步研究各个特征的建模方法与技术。特征建模方法需要解决两个子问题：一是如何形式化地描述这些特征；二是如何高效准确地获取、更新这些特征的值。从学习者模型的结构要素可以看出，其中既包含有比较简单的静态特征，又涉及了较为复杂的动态特征。对于简单的静态特征，一般采用单个变量就可以实现其表征，并在学习开始前通过问卷来获得特征值。例如，学习者的学历水平是一个简单的背景信息，可直接使用一个分类变量来表示，并在学习开始前通过问卷获得其结果。但是，对于那些结构复杂而且动态变化的特征，还需要设计复杂的数据结构来表征，并通过一些先进的技术手段来获取、更新其结果。例如，学习者的学习风格、知识掌握状况、情感状态、认知能力和元认知能力等。从已有研究来看，国内外学者采用较多的学习者建模方法和技术主要有：铅版模型、覆盖模型、模糊逻辑、基于约束的模型、摄动模型、贝叶斯网络、机器学习等[①]。这些建模方法有的只适用于某个特定的特征，有的则适用于多个不同的特征。下面我们将分别对它们进行简要的介绍。

（1）铅版模型（Stereotypes Model）是一种最简单的学习者建模方法，它由 Rich 在 GRUNDY 系统中引入学习者建模中[②]。它的基本思想是将学习者按照他们在特征上的共同点分为多个不同的类别。由于同一个类别中的学习者具有一些相同或相似的个体特征，因此系统可以对不同类别的学习者采取不同的教学策略。铅版模型在很多个性化或适应性学习系统中被用于学习者建模。例如，INSPIRE 是一个典型的远程个性化教学系统，它将学习者按照对一个主题知识的掌握程度分为四个级别：不熟悉、不很熟悉、比较熟悉、非常熟悉；WPS-Tutor 是一个教授代数和几何知识的智能教学系统，它也根据学习者回答问题的情况将其分为多个不同的级别。一般来说，铅版模型是一种比较简单易于实现的建模方法。但是，它描述的粒度较粗，无法深入分析学习者对领域知识的掌握情况。在实际应用中，铅版模型通常与其他学习者模型联合使用，主要用于对学习者模型进行初始化。

（2）覆盖模型（Overlay Model）由 Stansfield、Carr 和 Goldstein 于 1976 年提出[③]，是迄今使用最为广泛的一种学习者建模方法。该模型主要用于对学习者领域知识的掌握状态进行建模。它假设学习者对领域知识的掌握是不完整但正确的，学习者的知识状态是领域知识或专家知识的一个子集。因此，覆盖模型需要将领域知识进行分解，并使用一个序偶对（Concept-Value）来表示学习者对一个知识单元的掌握情况，其中 Concept 通常代表一个知识点，Value 代表学习者对这个知识点的掌握程度。一般来说，Value 的取值是一个二值逻辑，即掌握或没掌握。Value 的取值一般是通过持续地分析学习者的测试结果来不断更新的。相对于铅版模型，覆盖模型更深入地描述了学习者对每一个知识单元的掌握情况，更好地描述了学习者的知识状态。但是，覆盖模型也存在不足之处：一是将学习者对知识的掌握状况简单地归为掌握或没掌握，而现实中学习者对知识的掌握状况往往具有模

① 陈仕品.适应性学习支持系统的学生模型研究[D].重庆:西南大学,2009.

② Rich E.User modelling via stereotypes[J].Cognitive Science,1979,3(4):329-354.

③ 陈仕品.适应性学习支持系统的学生模型研究[D].重庆:西南大学,2009.

糊性；二是只记录了学习者正确掌握的知识，没有反映学习者在学习过程中形成的误解，学习系统无法提供合适的补救。针对第一个问题，研究者提出了基于模糊逻辑技术的学习者知识诊断方法。针对第二个问题，研究者提出了摄动模型（Perturbation Model）。

（3）模糊逻辑可以较好地处理日常问题中存在的模糊性和不确定性。这种模糊性和不确定性主要是由不精确、不完整的数据或者人的主观性所导致。在对学习者的知识掌握状况进行诊断时，最常用的手段就是测试。然而，学习者对知识的掌握状况除了反映在测试成绩上，还反映在测试的难度、时长等因素上。最为关键的是，教师在通过这些信息来推测学习者的知识掌握状况时是非常模糊和不精确的，因此，使用模糊逻辑技术能够很好地模拟教师诊断学习者对知识的掌握状况。在使用模糊逻辑技术来诊断学习者的知识掌握状况时，关键在于定义模糊集（fuzzy set）、成员函数（membership function）和推理规则（reasoning rule）。例如，Jeremic 等人在智能教学系统 DEPTHS 中就使用了模糊逻辑技术来诊断学习者的知识掌握状况①。他们首先定义了四个变量对应的模糊集和成员函数，然后定义了 75 条推理规则来实现对学习者知识掌握状况的模糊诊断。这四个变量包括三个因素变量（测试难度、测试时间和测试成绩）和一个结果变量（知识掌握状况）。通过四个变量对应的成员函数和 75 条推理规则，DEPTHS 就可以基于学习者的测试结果来推断学习者对每个知识点的掌握状况。Chrysafiadi 等人研究发现在智能教学系统的学习者建模过程中引入模糊逻辑技术能够改进系统的适应性，帮助系统做出更有效、更可靠的决定，从而增强学习者的满意度和成绩②。

（4）基于约束的模型（Constraint-Based Model）是由 Ohlson 提出的，它使用约束的形式来表示领域知识模型和学习者模型。约束代表了领域知识中的基本原理，一个约束通常包含一个相关子句（Relevance Clause）和一个满足子句（Satisfaction Clause）。一个约束类似于一条规则，其基本形式为：if（*relevant clause*）is true，then（*satisfaction clause*）must also be

① Jeremic Z，Jovanovic J，Gaševic D.Student modeling and assessment in intelligent tutoring of software patterns [J].Expert Systems with Applications，2012(39)：210-222.

② Chrysafiadi K，Virvou M.Evaluating the integration of fuzzy logic into the student model of a web-based learning environment[J].Expert Systems with Applications，2012，39(18)：13127-13134.

true。基于约束的学习者模型以Ohlson的错误学习理论为基础，该理论认为每个学习者在完成一个任务的时候都会出现一些错误，即使已经教授学习者完成任务的正确方法。因此，基于约束的学习者模型是一组学习者违反过的约束集，它们代表了学习者在学习过程中形成的误解（misconception）。约束的目标在于获取学习者答案中的错误并将其正确分组，从而为学习者提供合适的反馈和后续任务。基于约束的学习者模型采用约束的形式表示领域知识，在计算上采用模式匹配，具有运算效率高的特点，但是其缺点是只能表示陈述性知识。

（5）摄动模型可以认为是覆盖模型和基于约束的模型的综合，通常又称为偏差模型，它不仅描述了学习者正确掌握的知识（通常是领域知识或专家知识的一个子集），而且还描述了学习者对知识的误解。由于摄动模型包含了学习者对知识的误解，因此，智能辅导系统或适应性学习系统可以更好地为其提供合适的补救措施。为了实现对学习者的知识误解进行建模，需要全面收集学习者可能出现的各种知识误解形成错误库（bug library）。建构错误库通常有两种方式：枚举建模（enumerative modeling）和生成建模（generative modeling）[①]。枚举建模是领域专家根据自身经验来枚举各种可能出现的知识误解，生成建模则是由学习支持系统根据学习者的行为模式自动生成。

覆盖模型、基于约束的模型和摄动模型虽然在表征学习者的知识上存在一定的区别，但是它们在评估学习者的知识掌握状况时，都是通过分析学习者的测试结果来直接推测其知识掌握状况，这种建模方法没有利用知识之间的依赖关系，需要为所有知识设计相应的测试题，建模效率比较低。

（6）不同于以上建模方法，贝叶斯建模方法是使用贝叶斯网络来推断学习者对领域知识的掌握程度，它较好地利用了知识之间的依赖关系，能够大大提升建模的效率。一个贝叶斯网络就是一个有向无环图，节点代表了各种变量，弧代表了变量之间的依赖或因果关系。为了更准确地表达变量之间的依赖程度，每个节点还附带一个概率表，代表节点变量的先验概率或条件概率。因此，构建贝叶斯学习者模型主要包括建立贝叶斯网络的结构和确定节

---

① Martin B.Constraint-based student modeling：Representing student knowledge[C]//The 3rd New Zealand Computer Science Research Students'Conference，Hamilton NZ，1999：22-29.

点的概率表。在使用贝叶斯网络对学习者的知识掌握状况进行建模时，研究者从不同视角出发定义的节点变量及其关系存在一定的差异。根据贝叶斯网络的建构方法，贝叶斯学习者模型可以分为以专家为中心的贝叶斯学习者模型、以效率为中心的贝叶斯学习者模型和以数据为中心的贝叶斯学习者模型①。其中，以专家为中心的贝叶斯学习者模型最具有代表性，它是由专家根据自身的经验来直接或间接地确定贝叶斯网络的结构和概率表。贝叶斯学习者模型采用贝叶斯网络表示领域知识，其优点是能够很好地表征学习者模型中的不确定性信息，并且具有一定的推理能力，但这种学习者模型的计算复杂度会随着节点的增加成指数级增加。另外，贝叶斯网络除了被应用于对学习者的知识掌握状况进行建模，还被应用于对学习者情感状态的建模②。

（7）近年来，伴随着教育大数据的发展，越来越多的学者开始使用机器学习（Machine Learning）技术来实现学习者特征的建模。机器学习以大量的原始数据为基础，利用一定的算法对数据进行深度模拟，发现其中蕴含的规律。不同于以上建模方法多基于学习者参加测试的结果，基于机器学习的学习者特征建模方法主要通过对学习者的学习行为数据进行深入分析来实现学习者特征的动态获取与更新。另外，基于机器学习的方法一般较少用于学习者知识水平的建模，而是主要用于对学习者行为、情感、元认知等特征的建模。例如，Baker 利用机器学习技术建构了一个预测模型，该模型能够识别学习者在使用智能教学系统时是否正在发生与任务无关的行为③。D' Mello等人则应用机器学习技术研究了学习者情感状态建模，他们通过综合分析学习者在使用智能辅导系统 AutoTutor 时的对话线索、身体语言和面部特征来实现学习者情感状态建模④。Moridis 等人也利用了机器学习来

---

① GOGUADZE G, SOSNOVSKY S, ISOTANI S, MCLAREN B M. Towards a Bayesian Student Model for Detecting Decimal Misconceptions[C]//The 19th International Conference on Computers in Education, Chiang Mai, Thailand, 2011: 1-8.

② Conati C. Probabilistic Assessment of User's Emotions in Educational Games[J]. Applied Artificial Intelligence, 2002, 16(7/8): 555-575.

③ Baker R S. Modeling and understanding students' off-task behavior in intelligent tutoring systems[C]//SIGCHI Conference on Human Factors in Computing Systems, San Jose, California, USA, 2007: 1059-1068.

④ D' Mello S K, Graesser A. Multimodal semi-automated affect detection from conversational cues, gross body language, and facial features[J]. User Model User-Adap Inter, 2010(20): 147-187.

研究学习者情感状态的建模[①]。不同于 D' Mello 等人的研究，他们主要研究的是学习者在参与在线自我测评时的情感建模。另外，近几年还有很多学者开始探索利用机器学习技术对学习者的学习行为进行深入分析以实现对其元认知的建模。例如，Kim 等人利用聚类技术探索了在线学习者的自我调节学习剖面，并深入分析了不同剖面的在线学习者在学习过程中表现出的模式与特点[②]。

1.4 学习者情感建模的意义

在心理学领域，已有大量研究表明情绪对很多与学习密切相关的认知过程，如注意、记忆、信息加工等都具有重要的影响。大量研究表明，相对于中性刺激，几乎任何情绪性刺激都更容易引起人们的注意，而且人们对情绪性刺激的记忆更为深刻。人们对情绪性刺激的记忆更深刻，不仅仅是因为情绪性刺激引起了更多的注意，而且还因为情绪会影响记忆过程的许多阶段——编码、存储和提取[③]。大量研究还表明，情绪能够提升认知的灵活性，从而提高人们创造性解决问题的能力。在早期的一项研究中，Isen 和同事考察了正面情绪对创造性解决问题的影响[④]。他们首先向一组被试呈现中性电影片段来诱发他们的中性情绪，向另一组被试呈现搞笑的影片来诱发他们的正面情绪。然后，他们向这两组被试提供了一支蜡烛、一盒大头钉和一包火柴，要求他们找到一种方法，把蜡烛固定在墙上的软木板上，从而在燃烧时不至于将蜡烛油滴到桌子或地板上。为了解决这个问题，被试需要将大头钉全部拿出来，然后使用大头钉将大头钉盒子固定在墙上的软木板上，

---

① Moridis C N, Economides A A. Prediction of student's mood during an online test using formula-based and neural network-based method[J].Computers & Education,2009,53(3):644-652.

② Kim D,Yoon M,Jo I,Branch R M.Learning analytics to support self-regulated learning in asynchronous online courses:A case study at a women's university in South Korea[J].Computers & Education,2018,127:233-251.

③ Shiota M N,Kalat J W.情绪心理学[M].2 版.周仁来，等译.北京：中国轻工业出版社，2016：309-321.

④ Isen A M,Daubman K A,Nowicki G P.Positive affect facilitates creative problem solving[J]. Journal of Personality and Social Psychology,1987(52):1122-1131.

这种做法在平时是很少见的，因此体现了人们的创造力。实验结果表明，正面情绪组的被试比中性情绪组的被试更好地完成了任务，说明正面情绪有助于人们打破思维定式，提高认知加工的灵活性，从而帮助人们更好地解决创造性问题。

近年来，很多研究者还在真实的学习情境下探索了情绪对学习的影响。大多数研究表明，正面情绪对学习具有积极作用，但是也有不少研究表明正面情绪对认知和学习具有一定的阻碍作用。例如，在 Um 的一项早期研究中，他们先采用自我参考的心境诱发程序分别对一组被试诱发正面情绪，对另一组被试诱发中性情绪；然后，他们又进一步将每组被试分为两组，一组给予中性的学习材料，另一组给予情感化设计的学习材料；最后，他们分析了四组被试在知识保留和迁移两方面的表现以及学习的满意度。结果发现，在学习之前采用自我参考的心境诱发程序诱发的正面情绪在整个学习过程中基本得到了保持，情感化设计的学习材料能够在学习过程中诱发学习者的正面情绪，而且相对于中性情绪组，正面情绪组的迁移成绩和满意度更高[①]。在后续的一项研究中，Um 和同事进一步发现，外在刺激诱发的正面情绪会提高学习者的迁移成绩但不会提高其理解成绩，而情感化设计引起的正面情绪则会同时提高学习者的迁移和理解成绩。而且，外在诱发的正面情绪会增加学习者的心理努力水平，而情感化设计引起的正面情绪则会降低知觉任务的学习难度[②]。这说明由情感化设计引起的正面情绪比外在刺激诱发的正面情绪对学习的作用更直接。

不同于正面情绪，大多数研究表明负面情绪对学习具有一定的抑制作用，但是也有一些研究表明负面情绪对认知和学习具有一定的积极作用。例如，Brand、Reimer 和 Opwis 研究了负面情绪对迁移和学习的影响[③]。在这项研究中，他们诱发被试产生正面或负面情绪的方法是要求被试回忆生活中

---

① Um E R, Song H S, Plass J L. The effect of positive emotions on multimedia learning[C]// ED-MEDIA 2007—World Conference on Educational Multimedia, Hypermedia & Telecommunications, Vancouver, Canada, 2007:4176-4185.

② Um E R, Plass J L, Hayward E O, Homer B D. Emotional Design in Multimedia Learning[J]. Journal of Educational Psychology, 2011(19):1-14.

③ Brand S, Reimer T, Opwis K. How do we learn in a negative mood? Effects of a negative mood on transfer and learning[J]. Learning and Instruction, 2007(17):1-16.

积极高兴的事情或者消极难过的事情，然后在 15 分钟内将其写出来。在实验一中，他们先要求 54 名被试学习三个盘子和四个盘子的河内塔问题直到精通，然后采用上述方法来诱发被试分别产生正面情绪和负面情绪，最后要求被试解决一个只需要近距离迁移的五个盘子的河内塔问题和两个需要远距离迁移的问题。结果发现，负面情绪组迁移效应明显低于正面情绪组。在实验二中，他们将 80 名被试随机分为四组，即学习前诱发正面情绪组、学习前诱发负面情绪组、学习后诱发正面情绪组和学习后诱发负面情绪组。被试学习和迁移测试的材料与实验一完全相同。实验结果显示，当在学习前诱发被试的情绪时，负面情绪组不仅需要更多的重复才能达到精通，而且其迁移成绩也显著低于正面情绪组。这项研究的结果表明，负面情绪对创造性问题解决具有一定的抑制作用。

综合分析以上研究可知，无论是外在刺激诱发的情感，还是学习材料诱发的情感，都会对学习者的认知加工过程产生一定的影响，从而影响到学习的效果和体验。在大多数情况下，正面情绪对学习具有一定的促进作用，负面情绪对学习具有一定的抑制作用。因此，对学习者的情感状态进行建模可以使个性化学习支持系统了解学习者的情绪状态，从而向学习者提供更加合适的个性化支持服务。然而，从上一节中有关学习者个性特征建模的研究来看，已有研究主要关注于学习者知识状况的建模，少有研究考虑学习者情感状态的建模。因此，对学习者的情绪状态进行建模不仅具有重要的实际应用价值，而且还具有一定的学术价值。

第2章　学习者情感建模研究现状与问题

在上一章中，我们概述了个性化学习理论和个性化学习支持系统的体系结构，并对个性化学习支持系统中的核心组件“学习者模型”进行了深入的剖析，指出了学习者的情感应该成为学习者模型中的一个重要组成部分，因为学习者的情感对其学习成绩和学习体验都具有非常重要的影响。对学习者的情感进行建模，能够让个性化学习支持系统理解、监测学习者的情感，从而给出更为智能、更具个性、更加有效的学习支持服务。但是，实现学习者的情感建模并不容易，它不仅需要建构出一个合适的学习者情感模型，还需要找出一种行之有效的学习者情感建模方法。

这就不仅要涉及很多情感理论知识，还要涉及很多情感计算技术。为了更好地实现学习者情感建模，有必要对这些情感理论和情感计算技术进行系统的梳理。为此，本章将围绕学习者情感模型和建模方法与技术两个关键问题，对相关的情感理论和情感计算技术进行系统的梳理，指出学习者情感建模研究存在的问题和未来面临的挑战，为后续研究奠定基础和指明方向。

2.1　情感的内涵与描述

人类的情感是非常复杂的一种心理现象。到目前为止，人们对情感是什么，究竟有多少种不同的情感等基本问题，依然还没有完全弄清楚。为了实现学习者的情感建模，首先需要搞清楚情感是什么，研究者又是如何来描述人们的情感状态的。

2.1.1 情感的内涵

我们经常会因为某些事情而兴奋不已，或因为某些事情而悲伤难过，心理学中常采用“情绪”或“情感”来描述这种常见的心理现象。在心理学领域，研究者普遍采用“情绪”一词来描述这种心理现象。普通大众则更倾向于采用“情感”一词来描述这种心理现象，以强调人们在经历这一心理现象时的主观感受。由于本研究在讨论学习者的情感时关注的主要也是学习者的主观感受，而且考虑到“情感”一词更为通用，因此，本研究选用“情感”一词来描述这类心理现象，并且对“情绪”和“情感”两个词不进行严格区分。

虽然情感这种心理现象非常常见，而且早在 100 多年前就已引起很多心理学家的注意，但是，直至目前心理学界对情感还没有形成一个统一的定义。根据 Plutchik 进行的一项统计，心理学界至少有 90 种不同的情绪定义①。造成这种定义不一致的原因，除了情绪这种心理现象比较抽象并很难精确定义以外，主要还是因为不同研究者是从不同角度出发来研究情绪，只关注了情绪的不同成分。因此，对这些定义按照研究的视角进行分类，找出它们的共同点和不同点，对于深刻理解情绪的内涵具有重要的作用。傅小兰从研究者在定义情绪时关注的成分不同，将众多情绪定义分为身体知觉观、认知评价观和进化主义观三种取向②。

（1）身体知觉观取向的典型代表主要是美国科学心理学之父 James 和丹麦心理学家 Lange。James 认为“情绪是伴随着对刺激物的知觉直接产生的身体变化，以及我们对这些身体变化的感受”。这是心理学界对情绪下定义的最早尝试，尽管现在看来并不正确。继 James 之后，Lange 提出了类似的定义，认为情绪是内脏活动的结果，强调情绪与血管变化的关系。由此可见，持身体知觉观取向的研究者认为情绪是人们对身体变化的觉知，人们是先感知到身体变化，然后才体验到情绪感受，情绪体验是身体变化觉知的

---

① Plutchik R.The nature of emotions[J].American Scientist,2001(4):344-350.

② 傅小兰.情绪心理学[M].上海:华东师范大学出版社,2016:2-5.

结果。

（2）不同于身体知觉观的基本观点，认知评价观取向的研究者认为情绪的产生是由于人们对事件的认知评价所导致。Arnold 和 Lazarus 是认知评价观的两位典型代表。Arnold 认为“情绪是对趋向知觉为有益的、离开知觉为有害的东西的一种体验倾向”。与 Arnold 的观点类似，Lazarus 认为“情绪是来自正在进行的环境中好的和不好的信息的生理心理反应的组织，它依赖于短时的或持续的评价”。从以上观点可以看出，认知评价观取向的研究者强调情绪产生的直接原因是人们对外部环境影响的评价。

（3）除了以上两种取向外，还有研究者认为情绪是由进化而来，情绪是对环境的适应，是人类祖先在适应自然环境挑战过程中形成的。持这种进化主义观的典型代表有 Tomkins 和 Izard。Tomkins 认为“情绪是有机体的基本动机，是一组有组织的反应，当这组反应激活时，能够同时使大量身体器官（例如面部、心脏、内分泌系统等）做出相应的反应模式”。Izard 继承了 Tomkins 的观点，认为情绪是动机，同知觉、认知、运动反应相联系并模式化。从以上观点可以看出，进化主义观取向的研究者强调情绪是生物体在对自然环境的适应过程中进化而来的。

通过对以上三种情绪定义取向的综合分析，傅小兰指出这三种取向一致认为情绪都伴随着主观体验、外部表现和生理唤醒，不同之处主要是这几种成分的产生顺序不同。在此基础之上，她从狭义的角度给出了一个情绪的定义——情绪是往往伴随着生理唤醒和外部表现的主观体验①。这个定义虽然比较简洁，但是它却包含了大部分研究者普遍认同的情绪成分，而且从大众对情绪理解的角度重点强调了情绪的主观体验成分，比较通俗易懂。因此，本书的后续内容在涉及情感相关问题时都是基于这一定义。

2.1.2 情感的描述方法

由于情感的复杂性，情感不仅很难准确定义，而且很难找到一种合适的方法来精确地描述它。在情感研究的过程中，研究者主要采用了两种情感描述方式：分类描述和维度描述。

---

① 傅小兰.情绪心理学[M].上海：华东师范大学出版社，2016：5-6.

（1）情感的分类描述。情感的分类表示源自 Darwin 的进化论思想，其代表人物包括 Tomkins、Izard 和 Ekman。他们认为情感是个体在进化过程中发展出来的对外部刺激的适应性反应，情感是由几种相对独立的基本情感及在此基础上形成的多种复合情感构成的。基本情感是人和动物所共有的、先天的、不学而能的，有共同的原型或模式，在个体发展的早期就已出现，每一种基本情感有独特的生理机制和外部表现；非基本情感或复合情感是由不同基本情感混合而成，或者由基本情感和认知评价相互作用而成。对情感进行分类表示是一种符合人类直觉、快捷而有效的方法，但是，究竟需要多少情感类别才足以描述人类的情感，研究者并没有达成一致意见。

仅在基本情感方面，研究者就提出了 2～20 种不等的基本情感。Tomkins 较早提出了 8 种基本情感，包括恐惧、愤怒、苦恼、欢乐、厌恶、惊奇、关爱和羞愧。随后，Ekman 提出了 6 种基本情感，分别为快乐、悲伤、愤怒、恐惧、厌恶和惊奇。后来，Plutchik 又提出了 8 种不同的基本情感：害怕、愤怒、悲哀、欢乐、厌恶、惊奇、容忍和期待。Izard 最初提出了 10 种基本情感，分别是快乐、悲伤、愤怒、恐惧、厌恶、惊讶、兴趣、害羞、自罪感和蔑视，后来在研究中只确定了 6 种基本情感：兴趣、快乐、悲伤、愤怒、厌恶和恐惧。近年来，Ortony、Clore 和 Collins 对研究者提出的基本情感进行了汇总分类，通过合并相近的词语，提出了常见的 4 种情感和次常见的 2 种情感，4 种常见情感为害怕、愤怒、悲哀和欢乐，2 种次常见的情感为厌恶和惊奇。在这些情感分类方法中，影响较大、应用较广、被多数研究者普遍认可的是 Ekman 提出的 6 种基本情感，即快乐、悲伤、愤怒、恐惧、厌恶和惊奇。

（2）情感的维度描述。情感的维度表示是将情感所固有的特征提取出来，然后用每个特征作为一个维度形成一个多维空间来描述人类的情感。每一种情感被表示为多维空间中的一个点，不同情感之间的相似性和差异性用它们的空间距离来表示。因此，情感空间模型认为情感是连续的，不同情感之间的转变是一个平稳的过程。不同于情感的分类表示强调不同情感之间的界限，情感的维度表示更关注情感之间的转化。虽然情感空间模型被认为比情感分类模型能更加有效地描述情感的结构，但是，究竟情感空间应该由哪些维度构成却难以达成共识。

Wundt 最早提出了情感的三维说，认为情感由愉快-不愉快（pleasure-displeasure）、激动-抑制（excitement-inhibition）和紧张-松弛（tension-relaxation）三个维度构成。目前，描述情感的空间模型已多达十几种，典型的代表主要有 Russell 提出的环状模型、Mehrabian 和 Russell 提出的 PAD 模型以及 Plutchik 提出的倒锥体模型。

Russell 采用多维度测量的方法研究了情绪的构成，提出了一个“环状模型”（如图 2-1 所示）。该模型从愉悦度和激活度将情感排列成了一个环形。愉悦度表示个体情感状态的正负特性，激活度表示个体的神经生理激活水平。

Mehrabian 和 Russell 采用语义差异的评价方法，提出了 PAD 情感模型。PAD 情感模型采用愉悦度、激活度和优势度三个维度来描述情感，优势度表示个体对情境和他人的控制状态。

Plutchik 认为情感是多维的，它包括强度、相似性和两极性三个维度，并用一个倒锥体来说明三个维度之间的关系（如图 2-2 所示）。锥体界面划分为 8 种原始情绪，相邻的情绪是相似的，对角位置的情绪是对立的，锥体自下而上表明情绪由弱到强的变化。

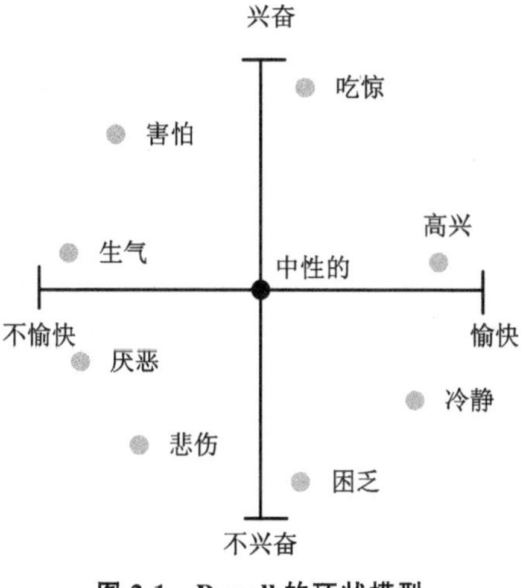

图 2-1　Russell 的环状模型

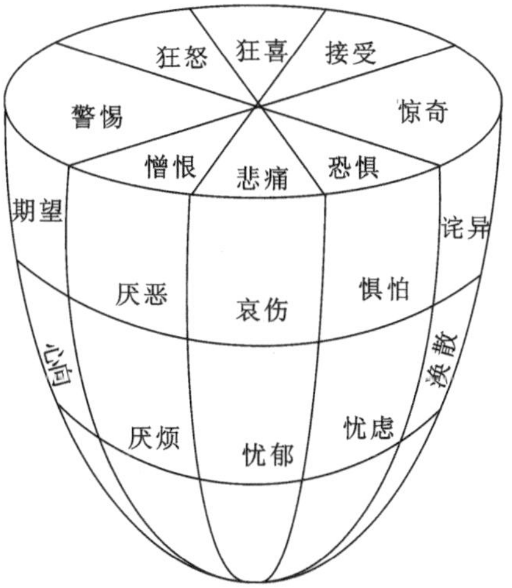

图 2-2　Plutchik 的倒锥体模型

2.2 学习者情感的内涵与表征

从时间上来说，人类的情感是随着时间不断变化的，在不同时间往往处于不同的情感状态。很明显，学习者情感建模不需要考虑学习者所有时间的情感状态。但是，我们应该关心学习者什么时候的情感状态呢？学习者在这些时候的情感状态又该怎么来表征呢？只有理清了学习者情感建模应该考虑的情感范畴，才能进一步研究出有意义的学习者情感建模方法。

2.2.1 学习者情感的内涵

在心理学领域，研究者早就对影响学习的情感进行了探索，并提出了“学业情绪”的概念。在这方面，国外的 Pekrun 和国内的俞国良是典型的代表人物。Pekrun 等人最早提出“学业情绪”的概念，并将学业情绪定义为与学业学习、课堂教学和学业成就直接相关的各种情绪，特别是与成功或失败相关的那些情绪[①]。俞国良和董妍认为学业情绪是在教学或学习过程中与学生学业相关的各种情绪体验，主要包括高兴、厌倦、失望、焦虑、气愤等[②]。傅小兰在综合前人提出的定义基础上，认为学业情绪就是影响学生学习过程和学业成就的各类情绪[③]。从以上定义可以看出，虽然不同学者对学业情绪的定义还存在一定的差异，但他们都认为学业情绪一般是由学习而引发的，并且还会对学习产生一定的影响。从时间上来说，学业情绪主要是指学生在学习过程中经历的情绪或学生在得知学业结果后的情绪。

在学业情绪定义的基础上，很多学者还对具体的学业情绪类别进行了深入探讨。Pekrun 等人根据愉悦度和唤醒度将学业情绪分为四大类：积极高唤醒度情绪（positive high arousal emotions），包括高兴、希望和自豪；积

---

① Pekrun R. The control-value Theory of Achievement Emotion: Assuncption, Corollaries and Implications for Educational Research and Practice[J]. Educational Psychology Review, 2006, 18(4): 315-341.

② 董妍，俞国良.青少年学业情绪问卷的编制及应用[J].心理学报，2007，39(5)：852-860.

③ 傅小兰.情绪心理学[M].上海：华东师范大学出版社，2016：317.

极低唤醒度情绪（positive low arousal emotions），即放松；消极高唤醒度情绪（negtive high arousal emotions），包括气愤、焦虑和内疚；消极低唤醒度情绪（negtive low arousal emotions），包括无助和无聊。Govaerts 和 Gregoire 研究发现，学生的学业情绪可以分为六种：愉快、希望、骄傲、焦虑、羞愧以及受挫。董妍和俞国良的研究进一步证实了 Pekrun 等人的分类观点，他们在编制青少年学业情绪问卷时主要采用了 13 种情绪，即自豪、高兴、希望、满足、平静、放松、焦虑、羞愧、生气、厌倦、无助、沮丧和心烦。马慧霞在制订大学生一般学业情绪问卷时也主要考虑了这些情绪，具体包括羞愧、焦虑、气愤、兴趣、愉快、希望、失望、厌烦、自豪和放松这 10 种情绪[①]。

在计算机领域，近年来随着情感计算（Affective Computing）的发展，国内外学者在研究学习者情感建模的过程中也对学习过程中频繁出现的情感进行了探索。在学习者情感建模研究早期，研究者大多默认学习过程中表现较多的是一些基本情绪，如害怕、生气、高兴、悲伤、厌恶和吃惊等，因为这些基本情绪在人们的日常生活中表现得非常普遍。随着研究的发展，很多研究表明在学习过程中频繁出现的情绪并不是这些基本情绪，而是一些其他的情绪，如厌倦（boredom）、疑惑（confusion）、流畅（flow）、挫败（frustration）等[②]。虽然其中一些情绪也可以被视为认知状态，但是由于这些情绪伴随着明显的心理唤醒变化，因此一些研究者坚持认为应该将其纳入情感状态而非认知状态，并将这些情感称为“认知情感（cognitive affect）”。例如，D' Mello 等人在研究大学生使用 AutoTutor 学习计算机基础知识的过程中认知情感演变的规律时，考虑的情感状态主要有厌倦（boredom）、流畅（flow）、疑惑（confusion）、挫败（frustration）、高兴（delight）、吃惊（surprise）和中立（neutral）[③]。后来，Baker 等人进一步

---

① 马慧霞.大学生一般学业情绪问卷的编制[J].中国临床心理学杂志，2008(6)：594-596.

② Kort B, Reilly R, Picard R W. An Affective Model of Interplay between Emotions and Learning: Reengineering Educational Pedagogy—Building a Learning Companion [C]//The IEEE International Conference on Advanced Learning Technologies, 2002: 43-46. Craig S D, Graesser A C, Sullins J, Gholson B. Affect and learning: an exploratory look into the role of affect in learning with AutoTutor[J]. Journal of Educational Media, 2004(3): 241-250.

③ D' Mello S, Taylor R S, Graesser A. Monitoring affective trajectories during complex learning [C]//The 29th Annual Meeting of the Cognitive Science Society, 2007: 203-208.

研究了不同情境下学生认知情感状态的演变规律，考虑的认知情感也是上述7种情绪①。此外，McQuiggan 等人还研究了学生在以故事为中心的学习环境（narrative-centered learning environment）中情感状态的演变规律，在这项研究中他们考虑了10种类似的情感状态，结果发现出现最多的7种情感状态依次为流畅（flow）、兴奋（excitement）、疑惑（confusion）、高兴（delight）、焦虑（anxiety）、挫败（frustration）和厌倦（boredom）②。从以上研究可以看出，学习者在学习过程中表现出的情感并不是那些基本情感，而且不同学习情境下学习者频繁表现的情感类别虽然大体相同，但是情感类别的分布还是存在一定的差异。

2.2.2 学习者情感的计算表征

在学习者情感建模研究中，国内外学者主要采用了情绪类别来表征学习者的情感，即将学习者在某一时间的情感表示为一种具体的情绪状态，如疑惑、厌倦、挫败、专注等，因为采用离散的情绪状态来表示学习者的情感比较符合人们的直觉和常识，也有利于智能教学系统据此作出恰当的响应。例如，Litman 等人研究如何识别学习者使用口语辅导对话系统（Spoken Tutoring Dialogue System）学习时的情感，采用了积极、消极和中性来表征学习者的情感③。Conati 在研究学习者在教育游戏中的情感建模时，从OCC情感理论中描述的22种情绪中选择了6种情绪来表征学习者的情感，分别为愉快（joy）与苦恼（distress）、责备（reproach）与赞赏（admiration）、

---

① Baker R S, D' Mello S K, Rodrigoc M T, Graesser A C. Better to be frustrated than bored: The incidence, persistence, and impact of learners' cognitive-affective states during interactions with three different computer-based learning environments[J]. International Journal of Human-Computer Studies, 2010(68): 223-241.

② McQuiggan S W, Robison J L, Lester J C. Affective Transitions in Narrative-Centered Learning Environments[J]. Educational Technology & Society, 2010(1): 40-53.

③ Litman D J, Forbes-Riley K. Predicting student emotions in computer-human tutoring dialogues[C]//The 42nd Meeting of the Association for Computational Linguistics (ACL'04), 2004: 351-358.

骄傲（pride）与害羞（shame）[①]。乔向杰等人也采用了 OCC 情绪理论中的 8 种情绪来表征学习者在 E-Learning 环境中学习时的情感[②]。D' Mello 等人在研究学习者使用 AutoTutor 进行学习时的情感建模过程中，主要采用了挫败、疑惑、专注、愉快、吃惊、厌倦和中立来表征学习者的情感[③]。Baker 等人在研究学习者使用 Cognitive Tutor Algebra I 进行学习时的情感建模过程中，将学习者的情感主要表征为厌倦、疑惑、专注、挫败或其他[④]。采用离散的情绪来表征学习者的情感时，需要先搞清楚学习者情感的范畴。在上一节，我们已经针对这一问题进行了系统的讨论，故在此不再赘述。

除了采用离散的情感状态来表征学习者的情感，部分研究也采用了多维情绪空间来表征学习者的情感，即将学习者某一时间的情感表征为情绪空间中的一个向量。例如，王万森等人设计了一个三维情绪空间来表征学习者在 E-Learning 环境中学习时的情感[⑤]，三个维度依次为愉悦度、振奋度和兴趣度，每个维度的取值范围为［−1，1］。每个维度对应了一对情感状态，愉悦度对应了愉快与苦恼，振奋度对应了振奋与疲劳，兴趣度对应了兴趣与厌烦。此外，Moridis 和 Economides 在研究学习者参与在线测试时的情感建模过程中，只采用了愉悦度来表征学习者的情感[⑥]。基于多维空间来表征学习者的情感虽然能够对学习者的情感进行量化表征，但是采用这种情感模型时需要先搞清楚应该用哪些维度才能充分地表达学习者的情感。虽然心理学

---

① Conati C. Probabilistic Assessment of User's Emotions in Educational Games[J]. Applied Artificial Intelligence,2002,16(7/8):555-575.

② 乔向杰,王志良,王万森.基于 OCC 模型的 E-learning 系统情感建模[J].计算机科学,2010,37(5):214-218.

③ D' Mello S K, Craig S D, Witherspoon A, McDaniel B, Graesser A. Automatic detection of learner's affect from conversational cues[J].User Model User-Adap Inter,2008(18):45-80.

④ Baker R S, Gowda S M, Wixon M, et al. Towards Sensor-Free Affect Detection in Cognitive Tutor Algebra[C]//The 5th International Conference on Educational Data Mining,2012:126-133.

⑤ 王万森,龚文.E-Learning 中情绪认知个性化学生模型的研究[J].计算机应用研究,2011,28(11):4174-4176.

⑥ Moridis C N, Economides A A. Prediction of student's mood during an online test using formula-based and neural network-based methods[J]. Computers & Education, 2009, 53(3): 644-652. Moridis C N, Economides A A. Mood recognition during online self-assessment test[J]. IEEE Transactions on Learning Technologies, 2009, 2(1):50-61.

领域的学者已就此进行了深入的研究，但是这种情感模型在模型建构和应用时还存在一些问题。在模型建构时，很难找到一种好的方法来计算每个维度上的数值。在模型应用时，智能教学系统也难以直观地应用情感模型来提供适当的个性化服务。因此，基于多维空间的情感表征在学习者情感建模研究中应用较少。

2.3 学习者情感建模的主要方法

近年来，随着情感计算的发展，研究者已提出了许多情感建模或识别方法，这些方法为学习者情感建模提供了良好的技术基础。在学习者情感建模研究中，国内外学者采用的情感建模方法大体可以归纳为三类：基于生理信息的情感建模方法、基于行为表现的情感建模方法和基于认知评价的情感建模方法。

2.3.1 基于生理信息的情感建模方法

生理心理学和心理生理学的研究早已表明，不同的情感状态通常会伴随着一些特定的生理反应模式，例如心跳的加速、血压的升高和肌肉的收缩等。因此，可以通过感知这些生理反应模式来识别人们的情感状态。基于生理信息的情感建模方法就是利用一些传感器来获取一些与情感相关的生理指标信息，然后使用一定的机器学习算法来得到一个预测模型，从而实现对用户情感的自动识别。

目前，随着各类传感器的相继出现，研究者已提出了许多基于不同生理指标信息的情感识别方法。近年，Calvo 等人从多学科交叉的视角对情感检测的一些关键问题进行了系统综述，其中对基于生理信息的情感检测也进行了全面的梳理①。他们总结出了一些常用的生理反应信息，主要包括肌电图（Electromyogram，EMG）、皮电图（Electrodermal Activity，EDA）、心电

① Calvo R A，D' Mello S. Affect detection：An interdisciplinary review of models，methods，and their applications[J]. IEEE Transactions on Affective Computing，2010，1(1)：18-37.

图（Electrocardiogram，ECG）、眼电图（Electrooculogram，EOG）和脑电图（Electroencephalo Graph，EEG）等。在学习者情感建模方面，一些研究者也探索了基于生理信息的学习者情感建模方法，以实现学习的个性化服务。特别是美国麻省理工学院媒体实验室的 Picard 教授团队，他们不仅开发了许多适合于获取学习者各种生理指标信息的传感器，而且在此基础上对基于生理信息的学习者情感识别进行了深入的研究。Picard 教授等人早已使用各类传感器来获取用户的皮电反应（GSR）、脉搏、呼吸率和肌肉的肌电活动等生理信息，并使用这些生理反应信息对八种情感状态进行识别，准确率达到了 81%①。近年，Woolf 等人进一步将基于生理信息的情感识别方法应用于智能导师系统中，分别使用四个传感系统来获取学习者的面部表情、坐姿、压力水平和皮电反应，以自动识别出学习者的情感状态②。目前，已经存在很多能够获取各种生理指标信息的传感器，因此，基于生理信息的情感识别方法关键在于寻找高效、准确的生理反应模式识别算法。

生理信息虽然能够较准确地反映人们内在的情绪体验，但是单项生理指标信息往往只能揭示情感某一方面的特性或只对某一种情感的识别有效。例如，皮肤电反应对于确定唤醒水平很有效，但不能识别情感正负向状态；心率的增加可能更主要的是由于负向情感，但心率对于识别特定的情感类别几乎不能提供什么信息。多模式情感识别方法从理论上应该可以提高情感识别的效果，但目前还是一项挑战性的课题。另外，基于生理信息的方法往往需要一些传感器，需要连接到用户的身体上，这会引起用户的不适，用户会感到是一种侵犯。

2.3.2 基于行为表现的情感建模方法

通常，情感的产生不仅会伴随着一些生理上的反应，还会伴随着一些行为上的表现。在人际交往中，我们往往通过观察他人的一些行为反应来推断

---

① Picard R W, Vyzas E, Healey J. Toward machine emotional intelligence: Analysis of affective physiological state[J]. IEEE Transactions on Pattern Analysis and Machine Intelligence, 2001, 23(10): 1175-1191.

② Woolf B, Burleson W, Arroyo I, et al. Affect-aware tutors: recognising and responding to student affect[J]. International Journal of Learning Technology, 2009, 4(3/4): 129-164.

他们的情感状态。例如，当我们看到别人笑时，我们通常会认为他是很高兴的；而当我们看到别人哭时，我们就会认为他很悲伤。面部表情无疑是人们情感交流中最重要的一种行为，此外，语音、文字和姿态等在人们的情感交流中也具有非常重要的作用。基于行为表现的情感建模方法就是让计算机系统通过分析学习者的这些行为表现来推断其情感状态。根据分析的行为不同，基于行为表现的情感识别方法又包括基于表情分析的方法、基于语音分析的方法、基于文字分析的方法、基于姿态分析的方法和基于多模态分析的方法。

（1）基于面部表情的情感建模方法就是将特定的面部表情与某种情感类别关联起来。Ekman 和 Friesen 开发的面部动作编码系统（Facial Action Coding System，FACS）为基于面部表情的情感建模奠定了良好的理论基础。他们根据人脸的解剖学特点，将人脸划分成若干既相对独立又相互联系的运动单元（AU），并分析了这些运动单元的运动特征及其所控制的主要区域以及与之相关的情感类别。这些情感类别主要包括 6 类：生气、厌恶、恐惧、高兴、悲伤和吃惊。在 FACS 的基础之上，国内外学者又提出了许多基于面部表情的情感建模方法，并开发了一些优秀的面部表情识别系统。例如，FaceReader 就是在 FACS 的基础上开发的一个面部表情识别系统，对 6 种基本情感的识别准确率达到了 89%①。目前，基于面部表情的情感识别方法在许多领域已得到了广泛的应用，一些研究者也使用了该方法来实现学习者情感建模。例如，Moridis 等人利用 FaceReader 来识别学习者在自主测验过程中的情感，在此基础上还开发了一个具有情感反馈功能的 Agent②。王万森等人也采用面部表情识别技术设计开发了一个智能情感网络教学系统③。虽然基于面部表情的情感建模方法技术较为成熟，但是现有的大部分面部表情识别方法和系统都是基于 Ekman 提出的 6 种基本情绪，无法识别那些在学习情境下频繁出现的情绪，因此对学习者情感建模来说应用性

① Den U M J, Van K H. The FaceReader: Online facial expression recognition[C]. Proceedings of Measuring Behaviour, 2005: 589-590.

② Moridis C N, Economides A A. Affective Learning: Empathetic Agents with Emotional Facial and Tone of Voice Expressions[J]. IEEE Transactions on Affective Computing, 2012, 3(3): 260-272.

③ 王万森，温绍洁，郭凤英. 基于人工情绪的智能情感网络教学系统研究[J]. 小型微型计算机，2006, 27(3): 569-572.

不强。

（2）语音是人们交流情感的另一种重要途径。它一方面用语言信息来明确地传递情感，另一方面用韵律、声调和非语言发音来隐式地传递情感。基于语音分析的情感建模方法主要是通过分析语音的韵律、声调和一些非语言发音来识别人们的情感状态。从已有研究来看，大多数基于语音分析的情感识别研究都是建立在基本情感之上的，但是也有一些研究根据实际应用的需要探索了其他情绪的识别。例如，Mark 等人研究了儿童使用智能辅导系统时的情感自动识别，在研究中他们考虑的情感主要为自信（confidience）、疑惑（puzzle）和犹豫（hesitation）①。另外，近年来很多基于语音分析的情感识别研究都使用了真实的数据来研究常态情景下的情感识别。这样得出的研究结论虽然能够更好地迁移到现实应用中，但是也面临着很大的挑战。因为在自然情景下人们的情感表达往往比较微妙，因此情感识别的准确性较差。为此，越来越多的研究者提出将语言特征如词汇特征、词性特征、对话特征等与声音特征相结合以提高情感识别的准确性。例如，Litman 和 Forbes-Riley 就采用声学韵律特征和词汇特征相结合的方式来识别学习者在人机对话辅导系统中的情感状态②。

（3）除了面部表情和语音韵律，人们还经常采用语言信息和文字符号来表达自己的情感。基于文本分析的情感建模方法就是采用计算机对人们书写的文字或谈话的转录稿进行语义分析，以挖掘出说话者表达的情感态度。在计算机领域，研究者通常将这种技术称为“文本情感分析”。文本情感分析最初起源于对各种商业服务或产品的评论分析，后来随着网络社交媒体的发展，研究者进一步探索了各种社交文本的情感分析及应用。在个性化学习方面，国内外学者主要将基于文本分析的学习者情感建模方法用在了对话型智能辅导系统中。例如，Litman 和 Forbes-Riley 为了感知学习者在使用智能

① Hasegawa-Johnson M, Levinson S E, Zhang T. Children's emotion recognition in an intelligent tutoring scenario[C]//INTERSPEECH 2004-ICSLP, The 8th International conference on Spoken Language Processing, 2004: 1441-1444.

② Litman D J, Forbes-Riley K. Predicting student emotions in computer-human tutoring dialogues[C]//The 42nd Meeting of the Association for Computational Linguistics (ACL'04), 2004: 351-358.

对话辅导系统时的情感状态，综合使用了学习者的声学韵律特征和词汇特征[①]。实验结果表明，词汇特征比声音韵律特征对学习者的情感状态具有更强的预测作用。D' Mello 等人为了使智能辅导系统 AutoTutor 能够感知学习者的情感状态，探索了对话线索（conversational cues）在学习者情感检测中的作用[②]。实验结果表明，对话特征能够显著预测学习者的厌倦、疑惑、专注和挫败等情感状态。

（4）相对于面部表情、语音韵律和文字符号，身体姿态在情感交流中的作用一直被人们所忽视，但是，通过分析身体姿态来推断人们的情感状态具有很多优点。其中，最大的优点就是大量的身体运动往往是无意识、非蓄意的，它们不易受到社会因素的影响，因此识别出的情感会更加可靠。目前，虽然基于姿态分析的情感识别研究并不多，但是使用姿势分析来识别 E-Learning 中学习者的情感状态却得到了部分学者的关注。Mota 和 Picard 率先使用了 Tekscan 的身体压力测试系统（Body Pressure Measurement System，BPMS）来分析学习者的身体姿势，以推断他在学习过程中的情感状态[③]。他们首先采用一个神经网络来实时地对 9 种静态的姿势进行分类，准确率达到了 87.6%；然后通过分析学习者在 3 秒内的姿态时序模式来推断学习者的兴趣类别，整体的准确率达到了 82.3%。D' Mello 和 Graesser 拓展了 Mota 和 Picard 的研究工作，他们使用姿势分析来识别学习者在完成学习任务时表现出的厌倦、沉浸、迷惑、挫败和高兴等情感状态[④]。在他们的实验结果中，厌倦、沉浸、迷惑、挫败、高兴的识别准确率分别达到了 73%、72%、70%、83%和 74%。

（5）除了单独从面部表情、声音韵律、文字信息和姿态手势来识别人们的情感状态，很多研究还联合多方面的信息来识别学习者的情感状态，以获

---

① Litman D J, Forbes-Riley K. Predicting student emotions in computer-human tutoring dialogues[C]//The 42nd Meeting of the Association for Computational Linguistics (ACL'04), 2004: 351-358.

② D' Mello S K, Craig S D, Witherspoon A, McDaniel B, Graesser A. Automatic detection of learner's affect from conversational cues[J]. User Model User-Adap Inter, 2008(18): 45-80.

③ Mota S & Picard R W. Automated posture analysis for detecting learner's interest level[C]// 2003 Conference on Computer Vision and Pattern Recognition Workshop, 2003, 6: 49-54.

④ D' Mello S and Graesser A. Automatic detection of learner's affect from gross body language [J]. Applied Artificial Intelligence, 2009(23): 123-150.

得更准确的结果，研究者通常将这类方法称为基于多模态的情感建模或识别方法。虽然基于多模态的人机交互系统具有很多优势，被认为是未来人机交互发展的趋势，但由于多模态信息的处理面临很多新的挑战，因此目前基于多模态信息的情感识别系统还很少。从已有研究来看，早期研究考虑的多模态信息组合主要有三类：一是从多传感器获取的多项生理信息；二是面部表情和声音韵律特征；三是声音韵律特征、文字符号和话语特征[①]。近年来，一些研究者还探索了基于三种以上信息的情感识别方法。例如，Castellano等人联合使用了面部表情、身体动作与姿态、语音三方面的表现来识别8种情感[②]。在融合策略方面，他们分别采用了特征级融合和决策级融合。实验结果表明，基于多模态的情感识别方法比最好的单模态情感识别方法在准确率上要高出10%以上，而且特征级融合的结果要好于决策级融合的结果。不同于Castellano等人的研究采用与情景无关的表演性情感数据来训练和检验情感识别模型，Kapoor和Picard则在更自然的学习情景下综合采用了儿童的上下部面部表情特征、姿态模式和一些情景信息来识别其兴趣水平[③]。实验结果表明，基于多模态的方法比单独使用上部面部特征、下部面部特征或情景信息进行兴趣水平识别的准确性都要高，但是却与单独使用姿态模式进行兴趣水平识别的准确性相差不大。后来，他们还进一步将多传感器获得的多项生理指标信息与以上三方面的信息相结合，以识别儿童在学习汉诺塔问题时产生的挫折状态[④]。最近，D' Mello和Graesser也采用了多模态信息来识别学习者在使用AutoTutor时的情感状态[⑤]。他们考虑的多模态信息主

---

① Calvo R A, D' Mello S. Affect detection: An interdisciplinary review of models, methods, and their applications[J]. IEEE Transactions on Affective Computing, 2010, 1(1): 18-37.

② Castellano G, Kessous L, Caridakis G. Emotion Recognition through Multiple Modalities: Face, Body Gesture, Speech[J]. Affect and Emotion in Human-Computer Interaction, Springer, 2008: 92-103.

③ Kapoor A, Picard R W. Multimodal Affect Recognition in Learning Environments[C]//The 13th Annual ACM International Conference on Multimedia, 2005: 677-682.

④ Kapoor A, Burleson B, Picard R. Automatic Prediction of Frustration[J]. International Journal of Human-Computer Studies, 2007(65): 724-736.

⑤ D' Mello S, Graesser A. Multimodal Semi-Automated Affect Detection from Conversational Cues, Gross Body Language, and Facial Features[J]. User Modeling and User-Adapted Interaction, 2010(10): 147-187.

要包括面部特征、整体身体语言和对话线索特征，考虑的情感状态也更符合实际的学习情景，范围更为广泛。

2.3.3 基于认知评价的情感建模方法

除了从生理信息和行为表现来推测学习者的情感状态外，一些研究还以情绪认知评价理论为基础来推导学习者的情感状态。情绪认知评价理论是非常重要的情绪理论，这些理论的主要特点是强调了认知评价在情绪产生过程中的重要作用。情绪认知评价理论认为，一个人之所以会产生情感体验，是因为他以一定的方式对一些相关的对象或事件进行了评价，评价的结果取决于个体的经历、目标等，情感是认知评价的结果。在心理学中，研究者已经提出了很多情绪认知评价理论，其典型代表是沙赫特和辛格的“情绪两因素”理论和拉扎勒斯的“反应综合症”理论。所有的情绪认知评价理论几乎都支持“生活事件—评价—情绪反应”这一情绪发生过程，但是不同的学者对于情绪的评价维度数量存在不同见解①。情绪认知评价理论的最终目标在于构建评价引发情绪的所有可能模式。例如，Roseman 从 6 个不同的评价维度建构了一个引发 17 种不同情绪的决策树②。

在情感计算领域，国内外学者使用最多的是 Ortony、Clore 和 Culins 提出的情感认知理论，国内外学者通常称之为 OCC 理论③。OCC 理论是第一个以实现情感的计算跟踪为目标的情绪理论。OCC 理论认为情感是主体对三个要素进行情境性评价的结果：事件（event)、参与者（actors)、客体(objects)。事件是能够被人感知到的发生的事情；参与者包括主体自身和其他与事件相关的参与者；客体是与事件相关的各种对象。主体在评价时有三方面的价值判断：目标、标准和态度。根据主体的目标，客观世界中的事件被评价为满意的（Pleased）或不满意的（Displeased)；根据一组标准，主体自身或其他参与者的行为被评价为赞成的（Approved）或不赞成的

---

① 傅小兰.情绪心理学[M].上海：华东师范大学出版社，2016：42-47.

② Roseman I J. Appraisal determinants of emotions: Constructing a more accurate and comprehensive theory[J].Cognition & Emotion,1996,10(3):241-278.

③ Ortony A,Clore G L,Collins A. The cognitive structure of emotions[M]. Cambridge: Cambridge University Press,1988:15-33.

(Disapproved)；根据主体的态度客体则被评价为喜欢的（Liked）或不喜欢的（Disliked）。基于这三个方面的评价结果，OCC 理论定义了 22 种情绪的产生导出条件（如图 2-3 所示），为情绪状态的推断提供了一个简单直观的理论模型。

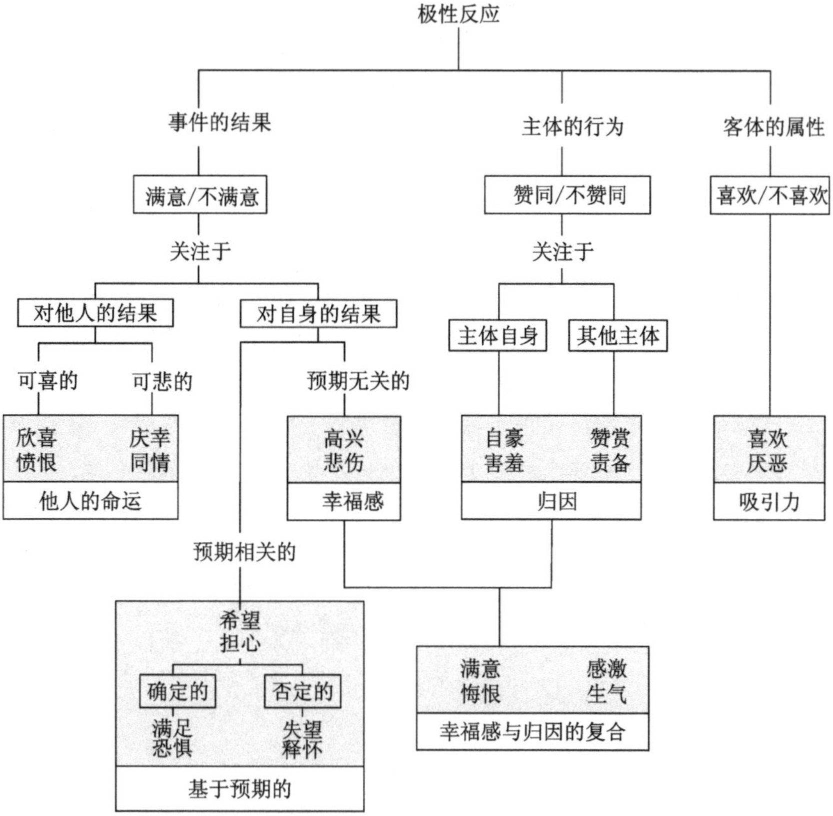

图 2-3 OCC 模型框架①

在学习者情感建模研究中，OCC 理论也得到了一定的应用。例如，Conati 以 OCC 理论为依据，建构了一个动态决策网络（Dynamic Decision

① Ortony A，Clore G L，Collins A. The cognitive structure of emotions[M]. Cambridge：Cambridge University Press，1988：15-33.

Network），实现了对学习者在使用教育游戏时的情感状态建模①。该动态决策网络通过采用动态贝叶斯网络（Dynamic Bayesian Network）来明确地表达学习者的情绪、影响学习者情绪的因素和情绪导致的行为反应之间的概率依赖关系，从而能够实现对学习者情感状态的推断。国内的王志良等人也采用上述思路，研究了面向 E-Learning 系统的学习者情感建模②。Jaques 等人也以 OCC 理论为依据，采用 BDI（Briefs，Desires，Intention）模型来实现了学习者情感状态的推导③。虽然上述研究都以 OCC 理论来指导学习者情感建模，但是 Sabourin 等人认为 OCC 理论并没有包括那些在学习情景下频繁出现的情感状态，因此在学习者情感建模方面具有局限性④。据此，他们以 Elliot 和 Pekrun 提出的学业情绪认知评价理论为指导，采用动态贝叶斯网络实现了学习者在基于游戏的学习环境中的情感建模。

基于情绪认知评价理论的学习者情感建模方法，从原理上看起来相对比较简单，因为情绪认知评价理论都已经明确地指出了每种情感的认知导出条件。但是，在实际应用中这种方法却面临一些较大的问题。第一个问题就是现有的情绪认知理论还不完善，因为对情感具有影响的因素很多，还没有一个情绪认知理论能够解释所有的情绪现象。第二个问题就是在很多学习情境下，那些对情绪具有决定作用的因素（如学习者的目标、对事件的感知等）往往难以有效获取。这两个问题导致基于情绪认知评价理论的学习者情感建模方法只能预测一些简单的情感，而且预测的准确性还不高，限制了这种方法在学习者情感建模中的应用。

---

① Conati C. Probabilistic Assessment of User's Emotions in Educational Games[J]. Applied Artificial Intelligence,2002,16(7/8):555-575.

② 乔向杰,王志良,王万森.基于 OCC 模型的 E-learning 系统情感建模[J].计算机科学,2010,37(5):214-218.

③ Jaques P A,Vicari R M.A BDI approach to infer students emotions in an intelligent learning environment[J].Computers & Education,2007,49:360-384.

④ Sabourin J,Mott B,Lester J.Modeling Learner Affect with Theoretically Grounded Dynamic Bayesian Networks[C]//Affective Computing and Intelligent Interaction.ACII 2011.Lecture Notes in Computer Science,2011,6974:286-295.

2.4 学习者情感建模研究存在的问题

通过对国内外关于学习者情感建模的研究进行系统梳理不难看出，学习者情感建模的有效实现依赖于三个关键问题的解决：(1) 应该关注学习者什么时候的情感状态？(2) 应该如何表征学习者在某一时间的情感状态？(3) 应该采用何种方式方法来获取学习者在某一时间的情感状态？下面将围绕这三个关键问题对已有研究进行总结与评述，以指出学习者情感建模研究面临的问题与挑战，以期为后续研究指明方向。

2.4.1 应该关注学习者什么时候的情感状态？

从已有研究来看，目前国内外学者主要关注学习者在学习过程中的情感，即学习者与学习系统进行交互时的情感。毫无疑问，学习者在学习过程中的情感状态对于智能学习系统是非常重要的。但是，心理学的研究早已表明，学习者在开始学习之前的情感状态对于学习过程和学习结果也是具有很大影响的。因此，在研究学习者情感建模时，我们不仅要关注学习者在学习过程中的情感状态，也要关注学习者在学习开始前的情感状态，以期为不同时间的情感状态提供不同的教学服务。

2.4.2 应该如何表征学习者在某一时间的情感状态？

从已有研究来看，国内外学者主要采用了离散的情感类别来表征学习者在某一时间的情感状态，即用一个分类变量来表征学习者在某一时间所处的情感类别。而且，国内外学者对于学习者在学习过程中频繁表现的情感类别已进行了深入研究，研究结果表明学习者在学习过程中频繁表现的情感类别主要为流畅（flow）、厌倦（boredom）、疑惑（confusion）、高兴（delight）、挫败（frustration）等。目前，国内外学者对于影响学生学习过程和学习结果的初始情感研究还比较粗，只是讨论了正面情绪和负面情绪对学习过程和学习结果的影响。此外，虽然采用情感类别来表征学习者的情感非常直观，但是依据情感的维度模型，仅仅用一个标签来表征学习者在某一时间的情感状态还不够准确，不利于智能学习系统依据学习者的情感状态提供更合适的教学服务。

2.4.3 应该采用何种方式方法来获取学习者在某一时间的情感状态?

从已有研究来看，国内外学者已探索了基于多种信息的学习者情感建模方法，主要包括基于生理信息的方法、基于面部表情的方法、基于声音语调的方法、基于身体姿态的方法、基于文字符号的方法和基于多模态信息的方法。另外，还有一些研究者依据情绪的认知评价理论，利用学习者与学习系统的交互行为和结果来推断学习者在某一时间的情感状态。毫无疑问，这些情感建模方法都有各自的优点，但是也有各自的问题。

基于生理信息的方法优点在于能够嗅探到一些微妙的情感，这些微妙的情感往往很少表现在学习者的外显行为上，但是这种方法被认为是一种“入侵式”的情感建模方法，学习者往往不愿意佩戴各种传感设备，哪怕是非常简单便捷的传感设备。基于面部表情的方法被认为是一种最有前景的学习者情感建模方法，它不仅是一种“非入侵式”的情感建模方法，而且适用的学习场景非常广泛，技术更为成熟。但是，这种方法用于实际的学习者情感建模也面临一个技术问题，那就是现有的情感识别方法大多是以基本情感为识别目标，但学习者在学习过程中表现的情感却并不是这些基本情感，而且学习者在学习过程中频繁表现的情感在面部表情上的区分度不高，因此当把这些方法迁移到学习者情感建模任务上时准确性就大打折扣。此外，基于面部表情的方法也不能应用于获取学习者在开始学习前的情感状态。基于声音语调的方法为学习者情感建模提供了一条新思路，但是这种方法的应用场景比较窄。基于身体姿态的方法最大优点是系统的身体运动往往是无意识的，学习者很难有意掩饰或伪装，这为学习者情感建模提供了更可靠的信息。但是，基于身体姿态的方法需要较为昂贵的设备，而且研究相对较少。基于文字符号的方法能够利用较为成熟的自然语言处理技术来分析学习者表述的情感，却同样存在着应用场景较窄的问题，而且文字符号是一种最容易伪装的信息载体。基于多模态信息的方法能够综合利用多种信息以获得更可靠的结果，但是技术难度较大，目前还不成熟。不同于以上方法都是通过学习者的外显行为来反推学习者的情感状态，基于认知评价的方法是从情感产生的认知过程来推演出学习者的情感状态，因此预测模型的解释性较好。但由于现有的情绪认知评价模型还不完善，因此情感预测的准确性还不高。另外，从以上这些情感建模方法采用的情感表征方式来看，几乎都是采用了离散的情感类别。

纵观以上三方面的研究不难看出，学习者情感建模的有效实现与应用还有很多问题有待进一步突破。在关注的范围上，研究者应该将所有影响学习过程和学习结果的情感纳入研究视野，而不能仅仅关注学习者在学习过程中的情感状态。在情感的计算表征方面，研究者应该综合情感的类别模型和多维空间模型，设计出不仅直观而且准确的表征模型。在情感模型建构方法上，研究者应该结合实际的学习场景和关注的情感范畴，选择或设计出更加可行、可信、可靠的情感建模方法，以获得准确性更高的情感模型。在学习者情感模型的应用上，目前比较系统的研究还非常少，研究者需要大胆探索基于学习者情感的个性化学习服务。

第3章 基于微博分析的学习前情感建模框架

在上一章中，我们对国内外关于学习者情感建模的研究进行了系统的梳理，总结出了学习者情感建模需要深入考虑的三个关键问题：(1) 学习者情感建模应该关注学习者什么时候的情感，哪些类别的情感，即学习者情感建模的目标范畴；(2) 学习者情感应采用怎样的数据结构来表示，即学习者情感的计算表征；(3) 学习者情感应该采用何种方式方法来获取，即学习者情感建模的有效方法。这三个问题是环环相扣的，第一个问题是研究的起点。只有明确了学习者情感建模应关注的范畴，才能保证获得的学习者情感模型具有实际的应用价值。

Feidakis 等人认为，从时间维度来说可以将学习者的情感分为三类：学习前的情感、学习中的情感和学习后的情感①。从已有研究来看，大部分研究考虑的都是学习者在学习过程中表现的情感，很少有研究探索学习者的学习前情感建模。究其原因，可能是因为学习者学习前的情感通常不是产生于学习情景，不能反映学习者在学习过程中的认知状态，因此研究者对学习前的情感不够重视。另外，相对于学习中的情感，对学习前的情感进行建模难度更大，因为学习前的情感具有更广的范畴，而且难以有效获取。但是，学习前的情感是否对后续的学习过程和结果具有重要的影响？是否应该被纳入

---

① Feidakis M, Caballé S, Daradoumis T, Jiménez D G, Conesa J. Providing emotion awareness and affective feedback to virtualised collaborative learning scenarios[J]. International Journal of Continue Engineering Education and Life-Long Learning, 2014, 24(2): 141-166.

学习者情感建模的范畴？如果答案是肯定的，那么应该采用什么技术与方法来有效地实现学习者学习前情感的建模呢？

本章将对以上问题做出初步的回答。首先，我们对学习者学习前情感建模的意义进行深入分析；然后，从微博的特点及其与学习者学习前情感的关系出发，论证了基于微博分析的学习前情感建模思路具备逻辑可行性；在此基础上，我们对这一思路所依赖的关键技术——文本情感分析进行了系统梳理，论证了基于微博分析的学习前情感建模思路具备技术可行性；最后，我们提出一个基于微博分析的学习前情感建模框架，指出了学习前情感的表征方法，明确了这一建模方法需要重点解决的三个关键技术问题。

3.1 学习前情感建模的意义

学习前情感是指学习者在进入学习支持系统开始学习前就已经具备的情绪感受。显然，学习前情感往往并不是由学习活动所引起的。但是，学习前情感是否应该被纳入学习者情感建模的范畴呢？这关键要看学习前情感对后续的学习过程和结果是否具有重要的影响。直觉也许告诉我们，学习前情感对后续的学习过程和结果应该是有影响的。因为我们很多人可能都曾经历过或遇到过这样的情景，就是在考试之前因为遇到一些事情令我们情绪波动，从而导致考试没有考好。但是，对这一问题的探讨是否有较为严密的科学研究呢？答案是肯定的。在心理学领域，早就有学者研究了学习者在学习前的情感是否会影响其后续的学习过程和结果。

3.1.1 正面情绪对多媒体学习的影响

Um 等人在 2007 年就开展了一项实验研究，用于探究正面情绪对多媒体学习的影响①。这项研究以美国东北部的一所私立大学的 34 名学生为实验

① Um E R, Song H S & Plass J L. The effect of positive emotions on multimedia learning[C]// ED-MEDIA 2007—World Conference on Educational Multimedia, Hypermedia & Telecommunications, Vancouver, Canada, 2007: 4176-4185.

对象，依据学习者的学习前情感和使用的多媒体学习材料，将其分为四组：正面情绪＋情感化学习材料（PEGD）、正面情绪＋中性学习材料（PEND）、中性情绪＋情感化学习材料（NEGD）、中性情绪＋中性学习材料（NEND）。为了研究学习前情感和学习材料的情感化设计对多媒体学习的影响，这项实验研究的基本过程为：（1）让每个参与者单独坐在一台电脑前完成初始问卷，主动汇报自己的性别、年龄和对领域知识的掌握情况；（2）使用自我参照情绪诱导程序（self-referenced mood induction procedure）分别诱发PEGD组和PEND组的学生产生正面情绪，诱发NEGD组和NEND组的学生产生中性情绪；（3）使用PANAS（Positive and Negtive Affect Schedule）中的PAS（Positive Affect Schedule）来测量参与者的正面情绪强度；（4）让PEGD组和NEGD组的学生都学习情感化学习材料，PEND组和NEND组的学生都学习中性学习材料；（5）经过15分钟的学习后，再次使用PAS测量所有参与者的正面情绪强度；（6）使用认知负载测量问卷测量参与者的认知负载；（7）让参与者完成相应的保留测试和迁移测试；（8）调查学生对学习材料的满意度。通过分析以上数据，他们得出了以下结论：（1）在学习前诱发的正面情绪在学习过程中大部分都得到了保持，且情感化学习材料能够在学习过程中诱发学习者产生正面情绪；（2）学习前的积极情绪能够显著促进学习者的知识建构和问题解决；（3）学习前的积极情绪还能够显著提升学习者对学习材料的满意度。从以上结论可以看出，学习者的学习前情感对于其多媒体学习成绩和满意度都具有显著影响。

3.1.2 负面情绪对多媒体学习的影响

不同于Um等人的研究，Brand等人的研究则揭示了负面情感对于学习的影响[①]。Brand等人在研究中开展了两个实验。第一个实验是以瑞士防御工事卫队（Swiss Corps of Fortification Guards）的54名男性作为实验对象，依据应用的情绪诱发程序不同将其随机分为两组：正面情绪组和负面情绪组。这个实验的基本过程为：首先，让两个组的学生都自主解决三个盘子

① Brand S，Reimer T，Opwis K. How do we learn in a negative mood? Effects of a negative mood on transfer and learning[J]. Learning and Instruction，2007(17)：1-16.

和四个盘子的河内塔问题，学生达到精通水平后就对他们的情绪进行测量；然后，对正面情绪组的学生实施正面情绪诱发程序，对负面情绪组的学生实施负面情绪诱发程序，结束时再次测量他们的情绪；最后，让两个组的学生都依次解决一个近距离迁移任务和两个远距离迁移任务，结束时再次测量学生的情绪。从实验结果来看，两组学生在熟练解决三个盘子和四个盘子的河内塔问题后均处于正面情绪且不存在显著差异。但是，正面情绪诱发程序并没有让学生的正面情绪得到显著的提升，而负面情绪诱发程序则让学生产生了比较显著的负面情绪，而且诱发的负面情绪使学生在后面的迁移任务中需要花费更多的尝试次数和时间。这说明在解决迁移任务前的负面情绪对学习者完成迁移任务具有一定的阻碍作用。在第二个实验中，他们也得到了类似的结论。第二个实验是以一所护理学院的 84 名学生为对象，依据情绪诱发程序实施的时间和类别不同，将其分为四组：学习前诱发正面情绪、学习前诱发负面情绪、学习后诱发正面情绪、学习后诱发负面情绪。该实验的基本过程为：(1) 对前两个组的学生，首先，分别应用正面情绪诱发程序和负面诱发程序，结束后测量他们的情绪；然后，让他们都自主解决三个盘子和四个盘子的河内塔问题直到精通水平，并再次测量他们的情绪；最后，让他们依次解决与第一个实验相同的迁移任务。(2) 对后两个组的学生，首先，让他们自主解决三个盘子和四个盘子的河内塔问题直到精通水平，结束后测量他们的情绪；然后，对第三组学生应用正面情绪诱发程序，对第四组学生应用负面情绪诱发程序，结束时再次测量他们的情绪；最后，让他们依次解决与第一个实验相同的迁移任务。从实验结果来看，在学习前应用负面诱发程序使学生产生了显著的负面情绪，而且负面情绪对学生的后续学习过程和迁移任务都具有一定阻碍作用。

综合以上两项科学研究的结果不难看出，学习者的学习前情绪对于他们的后续学习过程和结果都具有显著的影响。一般来说，如果学习者在学习前处于积极的情绪状态，会扩大他们的注意范围，从而增强他们解决问题的灵活性；相反，如果学习者在学习前处于比较消极的情绪状态，会对他们运用策略解决问题产生一定的抑制作用，尽管这些问题解决策略他们已经熟练掌握。因此，对学习者的学习前情感进行感知、建模，不仅有助于学习支持系统为其提供适应性、个性化的资源或服务，而且对教师的教学设计也具有一定的参考意义。

3.2 微博与学习前情感建模

微博，即微型博客（MicroBlog）的简称，是当前非常流行的一种网络社交平台，国外的典型代表是 Twitter，国内的典型代表是新浪微博。用户可以通过电脑、手机等终端设备和客户端软件来登录微博。登录微博后，用户便可以随时发布 140 字以内的信息，实现信息的即时分享。登录微博后，用户还可以关注自己感兴趣的其他用户，从而组建个人社区。当一个用户发布微博时，关注他的用户便可以及时看到他发布的消息。关注者和被关注者还可以通过评论和回复来实现即时的交互。微博的核心目标是让用户以简短的文字随意表达自己的所思所想，并实现及时的分享。

由于微博在信息发布与分享上具有简单、便捷的特点，因此出现不久便受到了人们的广泛青睐。最早也是最著名的微博 Twitter 自 2006 年诞生以后，在短短几年的时间内就积累了数量庞大的注册用户。根据相关公开数据显示，截至 2010 年 1 月，Twitter 在全球已经拥有 7500 万注册用户，就连多位美国总统（如奥巴马、特朗普）都是 Twitter 的忠实用户。国内著名的微博产品新浪微博自 2009 年出现以来，也在短短几年时间内就拥有了几亿注册用户，其中还包括数以万计的社会公众人物。根据相关公开数据显示，2016 年 12 月，新浪微博月活跃用户为 3.13 亿，日活跃用户为 1.39 亿。由此可见，微博早已是人们最喜欢的信息发布与分享方式。

微博不仅受到了广大上班人士的喜爱，也受到了广大青年学生的青睐。根据缔元信（万瑞数据）公司于 2010 年 8 月发布的《微博媒体特性及用户使用状况研究报告》，在数以亿计的微博用户中，学生是第二大用户群体，约占用户总数的 19%。根据这一数据我们可以看出，关注学生的微博是了解学生的一种新的途径。此外，该调查报告还指出，用户注册微博的主要目的不是浏览信息，而是“写微博，发表自己的观点或发泄情绪”，其用户比例高达 74%。而且，从用户在微博上发布的内容来看，最多的是“个人心情感受”，所占比例高达 76%。由此可见，关注学生的微博是了解学生心情感受变化的一种很好的新途径。因此，通过监测、分析学习者的微博来实现学习者学习前的情感建模在一定程度上是可行的。不仅可行，而且还比通过分析学生的生理信号、面部表情、声音语调、身体姿态和交互行为等来预测学习者学习前的情感更具优越性。一是因为学生学习前的情感往往并不是在学习场所发生的，因此很难通过监测学习者的生理信号、面部表情、声音语调、身体姿态或交互行为来推测其学习前的情感。二是因为微博往往是学习者在无意识的状态下发表的信息，真实自然地反映了学习者当时的心情感受，所以相对于基于面部表情、声音语调、身体姿态、生理信号或交互行为等推断出情感信息更加真实可信[①]。此外，这种情感建模方法不需要任何的附加设备，是一种完全非入侵式的方法，因此更容易被学习者所接受[②]。

3.3 文本情感分析技术研究概述

从学习者发布的微博中分析出其中表达的情感对于正常人来说可能并不困难，但是对于计算机来说却非常困难，因为这涉及一项比较复杂的自然语言处理技术——文本情感分析。文本情感分析就是利用计算机自动地挖掘出主观性文本中表达的情绪、态度和意见[③]。文本情感分析是近年来随着Web2.0的发展而出现的一项新技术，在商业、公共管理等领域已得到了广泛应用，但是在教育领域的应用还很少。为了更好地利用情感分析技术来挖掘学习者的微博中蕴含的情感，实现学习者学习前的情感建模，在此先对这一技术现状进行概述。

按照分析的文本类别和目标不同，对文本情感分析技术的研究主要可分为两大类：一类是以各种评论文本为主要分析对象，挖掘评论者对各种外在事物的观点或态度；另一类是以网络日志为主要分析对象，挖掘发布者传达的内在心情感受。根据分析的精细程度不同，第一类文本情感分析又可进一步分为粗粒度的极性判断和细粒度的意见挖掘。

---

① Ortigosa A，Martín J M，Carro R M.Sentiment analysis in Facebook and its application to e-learning[J].Computers in Human Behavior，2014(31)：527-541.

② Ortigosa A，Martín J M，Carro R M.Sentiment analysis in Facebook and its application to e-learning[J].Computers in Human Behavior，2014(31)：527-541.

③ 赵妍妍，秦兵，刘挺.文本情感分析[J].软件学报，2010，21(8)：1834-1848.

3.3.1 评论文本的情感极性判断

由于商业的驱动作用，文本情感分析起源于人们对各种产品评论、电影评论的情感分析，后来才慢慢出现了面向新闻评论的情感分析。但是，无论面向的是产品评论、电影评论还是新闻评论，最开始人们都是从研究简单的情感极性判别开始的，即通过计算机来自动分析这些评论文本，挖掘出评论者对某一产品、电影或新闻事件是持肯定态度、否定态度还是中立态度。从已有研究来看，国内外学者主要提出了两种思路来实现评论文本的情感极性判断：基于情感词语的方法和基于机器学习的方法。

(1) 基于情感词语的方法主要是以情感词语以及它们的情感极性为基础，结合一些规则来推断一个句子、一段文本的整体情感倾向。Turney 的研究是这一思路的典型代表，他先使用 PMI-IR（Pairwise Mutual Information-Information Retrieval）方法计算评论中的每个形容词短语和副词短语的情感倾向值，然后依据所有情感短语的情感倾向值的平均来判定评论的总体情感倾向[①]。PMI-IR 的基本原理为：首先在搜索引擎中分别以某一情感短语、“Excellent”和“Poor”为关键词进行检索并记录返回的文档数量，然后分别以这个情感短语和“Excellent”、“Poor”作为联合关键词进行检索并记录返回的文档数量，最后基于以上结果分别计算这个情感短语与“Excellent”、“Poor”的互信息，并将二者的差作为这个情感短语的情感倾向值。实验结果表明，这一方法的平均准确率达到了 74%。闻彬和何婷婷等人率先研究了汉语文本的情感分析，提出了一种基于语义理解的文本情感分类方法[②]。不同于 Turney 的方法，该方法需要依赖一个事先人工建构的情感词典，其中包含了常见的情感词语并标注了它们的情感倾向值。在情感词典的基础上，该方法首先从评论文本中提取符合一定模式的词组作为情感特征，然后使用情感词语的语义倾向和一系列语义规则来判定每个情感

---

① Turney P D. Thumbs Up or Thumbs Down? Semantic Orientation Applied to Unsupervised Classification of Reviews [C]//The 40th Annual Meeting of the Association for Computational Linguistics (ACL), Philadelphia, 2002: 417-424.

② 闻彬，何婷婷，罗乐等.基于语义理解的文本情感分类方法研究[J].计算机科学，2010，37(6)：261-264.

特征的语义倾向，最后综合所有情感特征的语义倾向来得到整个文本的情感倾向。实验结果表明，该方法能够有效判断汉语文本的情感倾向。

（2）基于机器学习的方法是将文本情感极性判别抽象为一个分类问题，利用分类算法从预先构建的情感分类语料库中学习得到一个分类器以实现情感极性判断。Pang 等人首先构建了一个小规模的电影评论情感分类语料库，然后分别尝试了不同的特征、特征值计算方法和分类算法来建构电影评论情感分类器。实验结果显示，通过机器学习得到的分类器都超过了人工制造的基线（human-produced baselines），而且在朴素贝叶斯（NB）、最大熵（ME）和支持向量机（SVM）三种算法中 SVM 的效果最好①。Ni 等人做了类似的研究，他们分别用卡方检验（CHI）和信息增益（IG）来选择分类特征，然后使用 NB、SVM 和 Rocchio 算法来建构情感分类器，最后综合比较了不同分类器的情感分类性能②。唐慧丰和谭松波等人也做了类似的研究，他们使用五个主题的网络评论数据，对比研究了常用的特征选择方法和机器学习方法对文本情感分类的影响③。周杰等人也采用了机器学习的方法研究了网络新闻评论数据的情感分类，对比了不同的特征集、特征维数、权重计算方法和词性等因素对分类结果的影响④。夏云庆、杨莹等人则使用机器学习的方法研究了基于歌词的音乐情感分类⑤。他们在情感单元定义的基础上，构建了一个情感向量空间，然后使用 SVM 算法来训练情感分类器。

此外，由于很多评论文本中往往会夹杂着一些客观内容，这些客观内容对于整个文本的情感判别来说属于噪音。为了提高情感判别的准确性，在情感判别前有时还需要先进行主客观句子识别。针对这一任务，Weibe 和

---

① Pang Bo, Lee Lillian & Vaithyanathan S. Thumbs up? Sentiment classification using machine learning techniques[C]//The 2002 Conference on Empirical Methods in Natural Language Processing, 2002:79-86.

② Ni X, Xue G, Ling X et al. Exploring in the weblog space by detecting informative and affective articles[C]//The 16th International Conference on World Wide Web, 2007:281-290.

③ 唐慧丰，谭松波，程学旗.基于监督学习的中文情感分类技术比较研究[J].中文信息学报，2007,21(6):88-108.

④ 周杰，林琛，李弼程.基于机器学习的网络新闻评论情感分类研究[J].计算机应用，2010,30(4):1011-1014.

⑤ 夏云庆，杨莹，张鹏洲，刘宇飞.基于情感向量空间的歌词情感分析[J].中文信息学报，2010,24(1):99-103.

Bruce 早在 1999 年就建构了一个主客观句子分类数据集。基于这一标准化的数据集，他们还以一些词类、标点和句子位置作为特征，运用机器学习中的朴素贝叶斯算法训练了一个主客观句子分类器①。实验结果表明，这一分类器的平均准确率达到了 72.17%。Yu 和 Hatzivassiloglou 做了更深入的研究，他们分别研究了文档级别和句子级别的主客观分类②。在文档级别上，他们利用朴素贝叶斯算法建构了一个主客观文档分类器，实验结果表明，该分类器的精确率和召回率都达到了 97%以上。在句子级别上，他们提出了三种无监督的统计方法来识别出主观句子并判定其情感极性，将句子分为积极的、消极的和中性的。实验结果表明，总体的准确率达到了 91%以上。

3.3.2 评论文本的细粒度意见挖掘

通过自动判断评论文本的情感极性虽然能够让人们快速地了解大众对某一产品或事件的整体态度，但是这一结果还不够精细。因为，一个评论文本中通常涉及某个产品、电影或新闻的多个方面，评论者对不同的方面往往持有不同的意见。为了更加深入地挖掘用户对产品、电影或新闻事件等对象多方面的态度和意见，一些研究者开始针对评论文本研究细粒度的意见挖掘（Opinion Mining）技术③。根据 Kim 和 Hovy 对意见的定义，意见挖掘的研究内容又涉及观点持有者识别、评价对象识别和评价单元识别三项子任务④。

（1）观点持有者就是观点的隶属者、发表人，在有的情景下将观点及其

---

① Wiebe J, Bruce R, O'Hara T. Development and use of a gold standard dataset for subjectivity classifications[C]//The 37th Annual Meeting of the Association for Computational Linguistics (ACL-99), 1999: 246-253.

② Yu H, Hatzivassiloglou V. Towards answering opinion questions: Separating facts from opinions and identifying the polarity of opinion sentences[C]//The 2003 Conference on Empirical Methods in Natural Language Processing, 2003: 129-136.

③ 姚天昉，程希文，徐飞玉，等. 文本意见挖掘综述[J]. 中文信息学报，2008，22(3)：71-80. Minqing Hu, Bing Liu. Mining and summarizing customer reviews[C]//The tenth ACM SIGKDD International Conference on Knowledge Discovery and Data Mining, 2004: 168-177.

④ Kim S M, Hovy E. Determining the sentiment of opinions[C]//The 20th International Conference on Computational Linguistics, 2004: 1367-1373.

持有者关联呈现具有非常重要的意义。例如，在分析由小组讨论生成的文本时，将每个成员及其观点关联呈现，能够更明确地告知别人哪些人持有正面观点，哪些人持有负面观点。由于评论中的观点持有者一般是命名实体，因此 Kim 和 Hovy 借助于命名实体识别技术来侦测观点持有者①。他们首先将观点持有者限定为人名和机构名，然后借助命名实体识别技术识别出候选的观点持有者，最后将距离观点表达最近的人名或机构名作为观点的持有者。Choi 等人对观点持有者检测做了专门的研究，他们将观点持有者检测看作一个信息抽取任务，提出了一种联合使用条件随机场（CRF）和 AutoSlog 变体的复合方法。CRF 将观点持有者检测作为一个序列标注任务，AutoSlog 则通过学习抽取模式来实现观点持有者抽取。实验结果表明，使用这种复合方法的效果要比单独使用其中一种方法的效果好很多②。Bethard 等在抽取出评论中的情感词组后，通过分析情感词组和动词的句法关系来同步获取观点持有者③。

（2）评价对象是指观点所指向的对象，一般表现为商品的特征。由于现有的大部分研究基本都是针对产品评论的意见挖掘，因此研究者通常将评价对象限定在名词或名词短语的范畴内，然后对它们做进一步的识别。例如，Yi 等人研究了如何从评论文本中挖掘出给定话题的特征项④。他们首先制定了三条限制等级逐渐增强的词性规则来初步筛选出候选特征项，然后分别采用基于混合模型（Mixture Model）的算法和基于似然率检验（Likelihood Test）的算法从候选特征项中选择出给定话题的评价特征。实验结果表明，基于似然率检验的算法效果要优于基于混合模型的算法。Hu 和 Liu 则研究

---

① Kim S M, Hovy E. Determining the sentiment of opinions[C]//The 20th International Conference on Computational Linguistics, 2004: 1367-1373.

② Choi Y, Cardie C, Riloff E. Identifying sources of opinions with conditional random fields and extraction patterns[C]//The Conference on Human Language Technology and Empirical Methods in Natural Language Processing, 2005: 355-362.

③ Bethard S, Yu H, Thornton A. Automatic extraction of opinion propositions and their holders[C]//The AAAI Spring Symposium on Exploring Attitude and Affect in Text, 2004: 22-24.

④ Yi J, Nasukawa T, Bunescu R. Sentiment Analyzer: Extracting sentiments about a given topic using natural language processing techniques[C]//The Third IEEE International Conference on Data Mining (ICDM), 2003: 427-434.

了如何从评论文本中提取出所有的评价对象①。他们设计了一系列启发式的处理来提取出评论文本中包含的评价对象及评论者的意见：首先通过词性来初步筛选出候选的评价对象，然后采用关联规则挖掘出频繁的候选对象，再然后通过两种剪枝策略进一步删除冗余或无意义的评价对象，最后通过评论词（opinion word）来提取出漏掉的非频繁评价对象②。实验结果表明，随着以上处理的逐渐应用，评价对象提取的效果越来越好，最终的平均准确率达到了72%，召回率达到了80%。刘鸿宇等人也做了类似的研究，不过他们是从句法分析的结果中来初步提取出候选评价对象，然后使用与Liu类似的三种剪枝策略进一步识别出频繁的评价对象③。还有一些学者通过考察候选评价对象与领域指示词之间的关联程度来获取评价对象④。近年随着话题模型的兴起，一些学者还采用了多粒度的话题模型从产品评论中挖掘评价对象⑤。

（3）评价单元抽取主要是从评论中识别出针对评价对象的情感词或者短语，并判定其情感倾向。目前，一种简单的方法就是针对每一个评价对象选取与之最近的情感词作为其评价单元⑥。例如，Kim和Hovy利用命名实体识别技术定位观点持有者后，继续以话题词语和观点持有者来确定评价表达区，最后选取区域内的情感词作为评价单元⑦。Hu和Liu在确定评价对象以后，也是选取距离评价对象最近的形容词作为评价单元⑧。这种方法虽然

① Minqing Hu, Bing Liu. Mining opinion features in customer reviews[C]//The 19th National Conference on Artifical Intelligence, 2004: 755-760.

② Minqing Hu, Bing Liu. Mining opinion features in customer reviews[C]//The 19th National Conference on Artifical Intelligence, 2004: 755-760.

③ 刘鸿宇，赵妍妍，秦兵，等.评价对象抽取及其倾向性分析[J].中文信息学报，2010，24(1)：84-88.

④ Popescu A M, Etzioni O. Extracting product features and opinions from reviews[C]//The Conference on Human Language Technology and Empirical Methods in Natural Language Processing, 2005: 339-346.

⑤ Titov I, McDonald R. Modeling online reviews with multi-grain topic models[C]//The 17th International Confernece on World Wide Web, 2008: 111-120.

⑥ Kim S M, Hovy E. Determining the sentiment of opinions[C]//The 20th International Conference on Computational Linguistics, 2004: 1367-1373.

⑦ Kim S M, Hovy E. Determining the sentiment of opinions[C]//The 20th International Conference on Computational Linguistics, 2004: 1367-1373.

⑧ Minqing Hu, Bing Liu. Mining opinion features in customer reviews[C]//The 19th National Conference on Artifical Intelligence, 2004: 755-760.

实现起来简单，但是无法处理情感词与评价对象相距较远的情况。为此，一些研究者利用评价对象和评价词语之间的语法关系，提出利用规则、模板来直接一次性获取评价对象及其评价单元。例如，Kobayashi 等人将评价对象和评价词语之间的修饰关系用 8 个共现模板来描述，然后利用这些模板来一次性地识别出评价对象及其对应的评价单元[①]。Bloom 等人则先利用 Stanford Parser 对句子进行句法分析，然后通过观察评价对象和评价词语间的句法结构制定了 31 条句法规则[②]。与此类似，Popescu 等人基于依存句法分析结果建构了 10 条评价对象和评价单元的抽取模板[③]。为了避免手工制定模板和规则的繁重工作，赵妍妍等人提出了一种基于句法路径的评价单元识别方法[④]。该方法自动获取句法路径来描述评价对象及其评价词语之间的修饰关系，并通过计算句法路径编辑距离来改进情感评价单元抽取的系统性能。实验结果表明：(1) 句法路径能够有效描述评价对象及其评价词语之间的关系，对评价单元的识别有很大帮助；(2) 基于编辑距离的句法路径改进策略能够进一步提高情感评价单元识别的系统性能[⑤]。

3.3.3 自由文本的情感类别判定

Web2.0 技术的发展与应用不仅催生了电子商务，让人们经常去一些购物网站上发表自己对某一商品的看法，还催生了很多网络社交媒体，如博客、微博、朋友圈等，使得人们经常在这些网络社交媒体上发表自己的内在

---

① Kobayashi N, Inui K, Matsumoto Y, et al. Collecting evaluative expressions for opinion extraction[C]//Natural Language Processing-IJCNLP 2004. Lecture Notes in Computer Science, 2004, 3248: 584-589. Springer, Berlin, Heidelberg.

② Bloom K, Garg N, Argamon S. Extracting appraisal expressions [C]//Human Language Technologies: The 2007 Annual Conference of the North American Chapter of Association of Computational Linguists, 2007: 308-315.

③ Popescu A M, Etzioni O. Extracting product features and opinions from reviews[C]//The Conference on Human Language Technology and Empirical Methods in Natural Language Processing, October 2005: 339-346.

④ 赵妍妍，秦兵，车万翔，等.基于句法路径的情感评价单元识别[J].软件学报，2011，22(5)：887-898.

⑤ 赵妍妍，秦兵，车万翔，等.基于句法路径的情感评价单元识别[J].软件学报，2011，22(5)：887-898.

心情感受，如高兴、悲伤、生气等。不同于评论文本，这种描述自己内在心情感受的文本在形式上往往更多样，涉及的主题也很广泛，因此我们将其称为自由文本。从这些文本中分析出其中蕴含的情感，在人机交互、个性化服务等方面往往具有非常强的实用性。因此，自由文本的情感分析也得到了很多研究者的关注。

事实上，对自由文本的情感分析研究可以追溯到人们对小说、对话的情感分析。早在 2003 年，Boucouvalas 等人就研究了对话的情感分析及其在计算机支持的通讯（CMC）中的应用①。他们描述了这样一个美好愿景：人们在利用通讯软件进行聊天时，通讯软件能够自动地从说话人键入的文本中分析出其中表达的情感，并以一种富有表现力的方法呈现给对方。时至今日，这个具体的愿景也许没有太大意义，因为我们已经可以通过声音、视频来直接地交流。但是，从对话中挖掘出其中蕴含的情感依然具有很强的应用价值。例如，聊天机器人在很多领域已得到了广泛的应用，但现有的聊天机器人还只能处理用户提出的一些基本的事实问题，如果能让聊天机器人可以感知客户的情感并给出适应性的反馈，毫无疑问能够大大改善用户的使用体验。

近年来，很多学者在研究对话的情感分析。例如，Neviarouskaya 等人对对话的情感分析进行了比较深入的研究，他们提出了一种基于规则的方法来从即时聊天信息中感知说话人表达的情感②。这一方法不仅可以处理符合语法规范的信息，还可以处理包含缩写、符号等不规范表达的信息。它将用户输入的信息经过多个阶段的处理来实现最终的情感感知，主要包括符号线索处理，缩写检测与转换，句法分析以及词、短语、句子的情感分析等阶段。实验结果表明，这一方法在分析日志、小说中的句子的情感和新闻标题的情感方面都表现出了很好的效果，但遗憾的是没有基于对话数据进行检验。

除了研究对话的情感分析，还有很多学者深入研究了小说中的情感分

---

① Boucouvalas A C，Zhe X.Text-to-emotion engine for real time Internet communication[C]//The International Symposium on CSNDSP 2002：164-168.

② Neviarouskaya A，Prendinger H，Ishizuka M.Affect analysis model：Novel rule-based approach to affect sensing from text[J].International Journal of Natural Language Engineering，2011，17(1)：95-135.

析。对小说的情感分析研究主要源自人们对自动阅读的追求。自动阅读就是让机器自然地将我们感兴趣的文本读给我们听，这让我们的阅读变得更加友好、方便。近几年，阅读软件已从研究走向了应用，受到了越来越多人的欢迎。然而，这些软件目前都是播放预先录制好的人声，虽然文本语音转换技术的准确性已非常高，但是现有的文本语音转换技术还无法像人一样识别出文章中蕴含的情感并在语音中很好地表现出来。因此，从故事中说话人的角度出发，挖掘出表达的情感也是情感分析领域中的一个重要问题。早在2005年，Alm等人就率先采用有监督的机器学习方法研究了小说的情感分析①。首先，他们对22篇童话故事中的每个句子的情感进行了人工标注，形成了一个小规模的标准数据集；然后，他们基于SNoW机器学习框架做了两项情感分析实验。第一项实验是对句子进行有无情感表达的二分类，第二项实验则进一步将有情感表达的句子分为积极情感和消极情感。在两项实验过程中，他们还探索了不同的特征对于情感判定的影响。从实验结果来看，基于机器学习的情感分类方法明显优于朴素方法。最近，Ptaszynski等人也对小说的情感分析进行了研究，他们首先提出了一种基于回指表达（anaphoric expressions）分析的情感表达主体识别方法，然后提出了两种情感分析方法并比较其效果②。虽然实验结果不太理想，但是这项研究首次联合研究了情感表达主体识别与情感分析。

随着各种网络社交媒体的出现与流行，越来越多人喜欢在网络上表达、宣泄自己的心情感受。这些蕴含用户心情感受的文本为基于用户情感的个性化服务奠定了良好的数据基础，促使研究者开始探索网络社交文本的情感分析，尤其是像微博这样的短文本信息。例如，Yassine和Hajj为了从网络社交媒体中发现用户的朋友，提出了一个面向网络社交文本的情感分析框架，其中依次包括七个子过程：原始数据收集、特定词典开发、特征生成、数据

---

① Alm C O, Roth D, Sproat R. Emotions from text: Machine learning for text-based emotion prediction[C]//The Conference on Human Language Technology and Empirical Methods in Natural Language Processing, 2005: 579-586.

② Ptaszynski M, Dokoshi H, Oyama S, et al. Affect analysis in context of characters in narratives[J]. Expert Systems with Applications, 2013, 40: 168-176.

预处理、主观性判定模型训练、文本主观性判定、朋友关系发现①。在训练社交文本的主观性判定模型时，他们采用的是无监督的 k-means 聚类算法。关于社交文本主观性判定的实验表明，在人工标注结果完全一致的测试集上准确率达到了 86.6%。Paltoglou 等人也对网络社交文本的情感分析进行了较深入的研究，针对网络社交文本的特点提出了一种直观性强、领域依赖程度低、基于词典的无监督方法②。该方法首先以 Linguistic Inquiry and Word Count（LIWC）软件中的情感词为基础制作了一个情感词典，其中包含了每个情感词的情感强度；然后在情感词的基础上分别处理了修饰、否定、大写、感叹、情感符号对情感判定的影响；最后综合所有情感单元的情感强度得到整个文本的情感极性和强度。虽然这一方法并没有用到复杂的模型，但是从实验结果来看，这种方法不仅优于常见的有监督机器学习方法，而且能够应对多种场景（包括 Twitter、Digg 和 MySpace）下的社交文本情感分析。此外，Ortigosa 等人研究了 Facebook 上消息的情感分析，并进一步探讨了这一方法在 E-Learning 中的应用③。他们首先提出了一种混合式的情感判别方法，该方法联合了基于词汇的情感判别方法和基于机器学习的情感判别方法，实验结果显示该方法的情感判别准确率达到了 83.27%，能够有效实现 Facebook 消息的情感分析。在此基础之上，他们还探讨了这一方法在适应性学习系统中的应用，主要表现为基于学习者的情感向其提供适应性学习活动、基于学习者的情感来实现更好的分组等。

从以上有关对话、小说和社交文本的情感分析不难看出，自由文本的情感分析与评论文本的情感分析在出发点上存在比较明显的区别。自由文本的情感分析注重挖掘说话人的内在情绪感受，而评论文本的情感分析则侧重分析说话人对外在事物的观点和态度。很明显，自由文本的情感分析具有更广阔的应用前景，但也面临更高的挑战。从研究思路来看，自由文本的情感分析和评论文本的情感分析却不谋而合，大体可分为基于词汇的方法和基于机

---

① Yassine M, Hajj H. A Framework for Emotion Mining from Text in Online Social Networks[C]//2010 IEEE International Conference on Data Mining Workshops, 2010: 1136-1142.

② Paltoglou G, Thelwall M. Twitter, MySpace, Digg: Unsupervised sentiment analysis in social media[J]. ACM Transactions on Intelligent Systems and Technology, 2012, 3(4): 66-84.

③ Ortigosa A, Martín J M, Carro R M. Sentiment analysis in Facebook and its application to e-learning[J]. Computers in Human Behavior, 2014(31): 527-541.

器学习的方法。从已有研究来看，基于词汇的方法一般可以取得较好的效果，但该方法较依赖外部的语义资源和手动构建的语法规则；基于机器学习的方法能够避免手动构建情感词典和语义规则的繁重工作，具有较高的效率和较强的泛化能力，但短文本中包含的语义线索往往非常少，而且容易导致数据稀疏问题，严重制约了情感分析的准确率。

3.4 基于微博分析的学习前情感建模步骤

从文本情感分析研究的现状可以看出，现有的文本情感分析研究主要针对的是评论文本，如商品评论、电影评论等，其目的是挖掘出评论者对某一商品或电影等外在事物的意见，从而为潜在消费者提供参考依据或为消费供给者提供改善依据。相对来说，只有少数研究关注对话、小说、微博等自由文本的情感分析。不同于评论文本的情感分析，自由文本的情感分析目的是挖掘出其中蕴含的说话人的内在情绪，从而为用户提供更友好的交互或个性化服务。从研究的目的来说，基于微博分析的学习者情感建模很明显属于后一类研究。

从上一节中关于自由文本的情感分析研究可知，可采用两种思路来挖掘学习者微博中蕴含的情感，即基于词汇和规则的方法、基于机器学习的方法。大多数研究表明，基于词汇和规则的方法会获得更准确的结果，但也有研究表明基于机器学习的方法效果更优。因此，究竟哪一种方法更好，要看具体的情景。基于微博分析的学习者情感建模主要采用了机器学习技术来挖掘蕴含在学习者微博中的内心情感。选用这一思路的主要原因是：(1) 微博在语言表述方面往往比较随意，其中不仅包含很多简写、缩写、网络语等非正规用语，而且很多句子并不符合语法规范，这导致已有研究建构的情感词典和规则不能很好地应用于微博的情感分析；(2) 微博数据的获取和情感标注都较为容易，通过网络爬虫或者微博网站提供的 API 接口，我们可以很快获取大量的微博，然后利用一些明显的情感词或表情图示就可从中筛选出表达了各种不同情感的微博，这为机器学习建模提供了良好的数据基础。

依据基于机器学习的情感分析思路，基于微博分析的学习前情感建模框架如图 3-1 所示。从该框架可以看出，基于微博分析的学习前情感建模主要包括两个任务：情感性微博的识别和微博的情感类别判定。情感性微博的识别是判断一条微博中是否蕴含了学习者内在的情感，而不管其中蕴含了什么样的情感。情感类别判定是在情感性微博识别的基础上，进一步判别微博中究竟蕴含了学习者什么样的情感。这两项任务都采用了机器学习中的分类技术来完成，因此都包括分类模型的训练和分类模型的应用两个阶段。在表征学习者发表的微博中蕴含的情感时，我们采用了离散的情感类别模型，因为这种情感表征模型更为简单、直观，而且能够更好地支撑后续的个性化学习推荐服务。另外，由于微博的情感类别判定非常依赖于微博的情感语义表征，因此，基于微博分析的学习前情感建模还需要深入研究微博的情感语义表征技术。

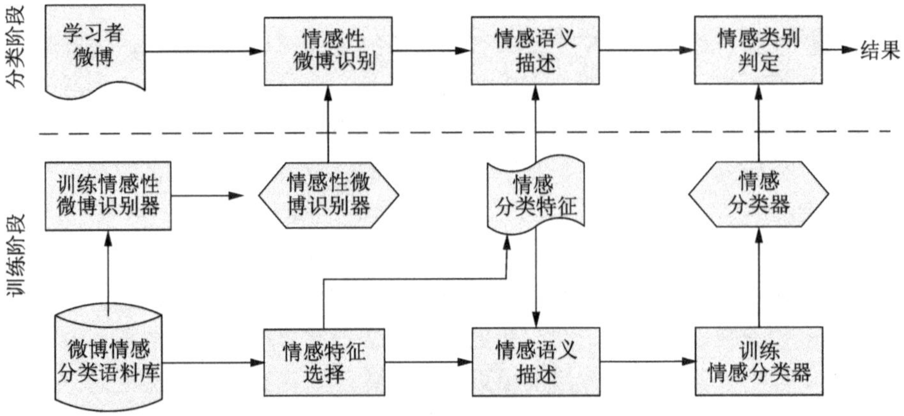

图 3-1　基于微博分析的学习前情感建模框架

通过对以上三项研究任务的深入分析可知，基于微博分析的学习前情感建模主要包括六个关键步骤：训练情感性微博识别器、情感性微博识别、情感特征选择、情感语义表征、情感分类器训练和情感类别判定。根据这六个关键步骤的任务和相互关系，可以将其进一步分为三组：

3.4.1　情感性微博识别器的训练和情感性微博识别

虽然学习者经常在微博上抒发自身的心情感受，但微博是一个自由开放的信息分享和传播平台，不可避免地包含了一些没有表达情感的客观信息，甚至广告、垃圾信息。为了提高学习者微博情感分类的准确性，首要的预处理工作就是要识别出那些具有情感表达的微博，而过滤掉那些不具有情感表达的微博。从分类的角度讲，情感性微博识别就是要将微博分为情感性微博和非情感性微博，这可以采用有监督的分类算法来实现。然而，非情感性微博涉及的内容广泛、形式多样，难以构建一个具有代表性的样本数据集，导致有监督的分类算法无法直接应用。为了解决这一问题，我们提出了一种基于单分类算法的情感性微博识别方法，具体内容将在第四章详细描述。

3.4.2 微博的情感特征选择和情感语义描述

微博是自然语言形式的文本信息，为了对微博进行情感分类，需要使用合适的数学模型将其中的情感语义表示为计算机可以理解的形式。在文本信息处理中，通常采用向量空间模型来表示文本的语义内容。该模型以一组特征项构建一个高维空间，然后将一个文本表示为特征空间中的一个向量，从而实现语义内容的形式化描述。特征项的选择和权重计算在文本语义描述中具有非常重要的作用，要根据文本的特点和应用的需求选择合适的特征项和权重计算方法。在传统的文本分类和聚类中，通常以关键词作为特征项，使用关键词的出现与否、频率或 TFIDF 值作为特征权重。由于微博的内容比较简短，以关键词作为特征来描述微博中的情感语义会出现非常严重的数据稀疏问题，从而导致情感类别判定的准确性非常差。为了解决这一问题，本研究提出了一种基于词聚类的微博情感语义表征方法，具体内容将在第五章中详细描述。

3.4.3 微博情感分类器的训练和情感类别判定

在微博的情感语义描述基础上，还需要使用一定的分类算法来判定微博中表达了哪种类型的情感。分类算法一般包括两个部分：训练部分和分类部分。训练部分的主要功能是从训练样本的语义表征形式中学习得到一个情感分类器，分类部分则利用得到的情感分类器判定学习者微博属于哪一种情感。目前，文本分类算法已经非常多，比较著名的有 KNN、NB、SVM、

ME 等，这些方法都可以应用于微博的情感分类。然而，由于情感表达的模糊性，加上微博在语言上的不规范性，使得这些传统的分类算法应用于微博情感分类时效果大打折扣。为了进一步提高学习者微博情感类别判定的准确性，本研究提出了一种基于元学习策略的微博情感类别判定方法，具体内容将在第六章中详细描述。

第 4 章　基于单分类算法的情感性微博识别方法

微博是一个分享、传播以及获取信息的自由平台，学习者在微博上发布的内容往往非常广泛。他们除了通过微博来抒发自己的心情感受，还会使用微博来发表对热点事件的观点意见，分享自己的生活、工作琐事，转发至理名言、幽默笑话，寻求帮助等。从微博信息中推断学习者在某一时间的情感状态，只需要分析那些具有情感表达的微博，在此称之为情感性微博，其余的微博都属于噪音数据。因此，对于学习者情感建模来说，首先需要找出那些具有情感表达的微博，这是一个十分重要的预处理环节。本章的主要目标就是要识别出学习者的情感性微博，为进一步分析其中表达的情感类别奠定基础。

从分类的角度讲，情感性微博识别就是要将学习者的微博自动分为两类：情感性和非情感性。因此，一般可以使用现有的二元分类算法从预先构建的分类语料库中学习得到一个分类器，然后使用这个分类器来判定一条微博是情感性还是非情感性。这种方法的一个主要问题是需要预先构建一个大规模、高质量的分类语料库，其中包含大量的情感性微博和非情感性微博。然而，微博是近年来才发展起来的一种新的媒体形式，目前还没有一个公开、权威且符合本研究需求的分类语料库。人工构建这样的一个分类语料库费时费力，成本昂贵。许多研究者通过表情符号来快速地获取大量的情感性微博[①]，但是非情感性微博没有像表情符号那样明显的标识，因此很难获取大量的非情感性微博。而且，非情感性微博涉及的范围非常广泛，获取一个具有代表能力的非情感性微博样本集具有相当的难度。这可能也是现有研究往往都没有考虑情感性微博的识别，而直接研究微博的情感分类的主要原因。

在传统的文本分类中，通常也会出现只有一个类别的样本，而其他类别的样本很难获取或有限的样本无法有效代表某个类别的现象。例如，为了向用户推荐其感兴趣的网站，可以通过他的访问历史来获得他感兴趣的网站，但是却无法使用有限的样本来代表他不感兴趣的网站[②]；在垃圾邮件过滤中，我们往往很容易获得大量的垃圾邮件，但是由于用户隐私顾虑而很难获得大量的非垃圾邮件[③]。这种只有一个类别的样本分类问题被称为单分类问题。目前研究者针对单分类问题已提出了一些有效的单分类学习算法[④]。情感性微博的识别也是一个单分类问题，因为可以使用表情符号获取大量的情感性微博样本，但是却无法快速获取大量的非情感性微博样本。由于非情感性微博范围广泛，即使人工标注有限的样本，也很难代表非情感性微博这一概念。据此，本章将使用单分类算法来研究情感性微博的识别，提出一种基

---

① Tang Y, Chen H. Emotion modeling from writer/reader perspectives using a Microblog dataset[C]//The Workshop on Sentiment Analysis where AI meets Psychology (SAAIP), IJCNLP 2011, November 2011: 11-19. Zhao J, Dong L, Wu J, et al. MoodLens: An emoticon-based sentiment analysis system for Chinese tweets in Weibo[C]//The 18th ACM SIGKDD International Conference on Knowledge Discovery and Data Mining (KDD'12), 2012: 1528-1531. Fan R, Zhao J, Chen Y, et al. Anger is more influential than joy: Sentiment correlation in Weibo[J]. PLOS ONE, 2014, 9(10): 1-8. Yuan Z, Purver M. Predicting emotion labels for Chinese Microblog texts[C]//The 1st International Workshop on Sentiment Discovery from Affective Data (SDAD 2012), 2012: 40-47. Tang D, Qin B, Liu T, et al. Learning sentence representation for emotion classification on Microblogs[C]//Natural Language Processing and Chinese Computing. NLPCC 2013. Communications in Computer and Information Science, 2013, 400: 212-223.

② Manevitz L M, Yousef M. One-class SVMs for document classification[J]. Journal of Machine Learning Research, 2001, (2): 139-154.

③ Wei C, Chen H, Cheng T. Effective spam filtering: A single-class learning and ensemble approach[J]. Decision Support Systems, 2008, 45: 491-503.

④ Khan S S, Madden M G. A survey of recent trends in one class classification[C]//Artificial Intelligence and Cognitive Science. AICS 2009. Lecture Notes in Computer Science, 2010, 6206: 188-197.

于规则与单分类算法相结合的情感性微博识别方法。

4.1 主观性文本识别研究

目前，有关微博情感分析的研究虽然已比较多，但是大部分研究主要致力于从相关的微博中挖掘出用户对某些人、物或事件的观点与态度，如“肯定”、“否定”或“中立”。对于从微博中挖掘出用户表达的内在心情感受，目前还处于起步阶段，相关研究非常少。由于情感性微博也是一种典型的主观性文本，所以在此先对主观性文本识别的相关研究进行梳理。

主观性是语言的一个重要属性，与客观性相对，是指说话人在说出一段话的同时表明自己的立场、态度和情感，从而在话语中留下自我的印记①。因此，表达了说话人立场、态度和情感的文本就被称为主观性文本，相反，陈述客观事实的文本就被称为客观性文本。通过文献调研发现，国内外很多学者早就从语言学视角对文本的主观性进行了深入研究，但是利用计算机自动识别主观性文本的研究直到近年来才开始出现。

在国外，Wiebe 等人较早研究了文本的主客观标注与分类，提出了一种有效的主客观标注方法，并使用一些可能的主客观分类特征，如词类特征、标点特征和句子位置特征等，初步探索了文本的主客观分类②。Riloff 等人提出了一个 Bootstrapping 算法，该方法首先利用人工收集的少量主观性线索从未标注的语料中获取一定数量的主观性句子，然后使用信息抽取技术从获得的主观性句子中学习新的主观性模式，最后又使用这些新的主观性模式来获取新的主观性句子③。Pang 等人认为主客观属性相同的句子在位置分布上往往比较接近，据此将一个文档表示为一个图，然后使用图最小分割的

---

① 沈家煊.语言的“主观性”和“主观化”[J].外语教学与研究(外国语文双月刊)，2001(4)：268-275.

② Wiebe J，Bruce R，O' Hara T.Development and use of a gold standard dataset for subjectivity classifications[C]//The 37th Annual Meeting of the Association for Computational Linguistics (ACL-99)，1999：246-253.

③ Riloff E，Wiebe J.Learning extraction patterns for subjective nouns using extraction pattern Bootstrapping[C]//The 7th Conference on Nature Language Learning，2003：105-112.

方法来实现句子的主客观分类①。

在国内，针对汉语主客观分类的研究起步较晚，研究成果并不多见。姚天昉等人通过分析主客观文本的特点，提出了七组预选的分类特征，包括情感形容词、第一或第二人称代词、不规范的标点符号、带有情感色彩的标点符号、感叹词、发表意见或看法的动词、不精确的数字或日期②。叶强等人利用CHI统计方法提取了一些2-POS主观模式，然后使用这些主观模式来计算每个句子的主观性得分，最后将得分高于设定阈值的句子判定为主观句③。王根等人提出了一种基于多重冗余标记的CRFs，并将其应用于情感分析，该方法不仅将主客观分类、褒贬分类等子任务统一在一个模型之中，而且允许情感分析的各子任务使用不同的特征④。

上述研究的对象主要是一些规范化文本。近几年，随着微博的发展与流行，一些学者开始研究微博的情感分析，其中少数研究也涉及了主客观分类。例如，Barbosa等人利用Twitter上的消息作为训练数据，然后选用了一些词语特征和语法特征来训练主客观分类器⑤。Jiang等人对Tweets进行情感分析时也采用了二步分类法，在对Tweets进行主客观分类时分别使用了内容特征、情感词典特征以及主题特征等，发现三种特征结合时的分类效果最好⑥。杨武等人针对微博的表述特点定义了一些主客观特征，并使用CHI统计方法选取了部分2-POS模式特征，最后采用朴素贝叶斯算法研究

---

① Pang B, Lee L. A Sentimental Education: Sentiment analysis using subjectivity summarization based on minimum cuts[C]//The 42nd Annual Meeting on Association for Computational Linguistics, 2004: 271-es.

② 姚天昉，彭思崴.汉语主客观文本分类方法的研究[C]//第三届全国信息检索与内容安全学术会议论文集，2007：1-7.

③ 叶强，张紫琼，罗振雄.面向互联网评论情感分析的中文主观性自动判别方法研究[J].信息系统学报，2007，1(1)：79-91.

④ 王根，赵军.基于多重冗余标记CRFs的句子情感分析研究[J].中文信息学报，2007，21(5)：51-56.

⑤ Barbosa L, Feng J. Robust sentiment detection on Twitter from biased and noisy data[C]//The 23rd International Conference on Computational Linguistics: Posters, 2010: 36-44.

⑥ Jiang L, Yu M. Target-dependent Twitter sentiment classification[C]//The 49th Annual Meeting of the Association for Computational Linguistics, 2011: 151-160.

了它们对微博主客观分类的影响①。

纵观上述研究可以看出，现有的主观性文本识别研究主要是为了找出那些表达了说话人观点与态度的文本，即评论性文本。情感性微博虽然也是一种主观性文本，但它与评论性文本表达的侧重点却存在一定的差异。评论性文本主要表达了说话人对某些外在事物或事件的观点与态度，如“九寨沟真是太漂亮了”。情感性微博则主要表达了说话人内在的心情感受，如“今天玩得真开心”。因此，在情感性微博识别中，我们既要借鉴评论性文本与情感性文本所共有的一些主观性特征，又要注意情感性微博所特有的一些语言特征。

4.2 基于规则的非情感性微博过滤

虽然非情感性微博涉及的内容广泛，形式多样，很难通过一些语言标识来获取一个具有代表性的样本数据集，但是我们通过大量的实例分析后发现，包含了某些语言标识的微博几乎都是非情感性微博。例如，超链接（URL）就是非情感性微博的一个明显的语言标识。因此，在情感性微博识别的过程中，使用这些语言标识初步过滤掉一些非情感性微博，能够缩小情感性微博识别的范围，提高情感性微博识别的准确性。

通过对大量情感性和非情感性微博的对比，我们总结出了五条非情感性微博过滤规则：

（1）转发的微博。微博是一个基于社交网络的信息分享和传播平台，用户在微博上的转播行为非常频繁。但是，用户转播的微博大多是一些新闻、常识、笑话或名言等客观性内容，特别是那些没有添加任何评论信息的转播微博，一般都不包含自我情感的表达。例如“转发微博@*** 看来哈尔滨最近又要抢购纯净水了，吉林暴雨后水涨，万只化工塑料桶被冲入松花江”、“转发微博@*** 方舟子要么命大，要么防范意识强，捞起这个帖子，不知二者有无关联，警方可以联想一下。2 个月后，方舟子本人遇袭”。为了提

① 杨武，宋静静，唐继强.中文微博情感分析中主客观句分类方法[J].重庆理工大学学报(自然科学)，2013，27(1)：51-56.

高学习者情感建模的准确性，将学习者直接转播的、没有添加任何评论信息的微博都作为非情感性微博直接过滤掉。

（2）包含超链接的微博。目前很多网站都提供了“分享到”各种社交网络平台的功能，学习者通常会将有趣的信息分享到自己的微博。因为微博长度有限，无法转载全部内容，所以这种微博通常会包含一个指向原文的超链接。这种微博一般都是新闻或广告，例如“欧洲学院与四川大学等三所中国大学建立战略合作伙伴关系 _ 新华网四川频道 http：//url. cn/Kxf6YN”、“PLOVER 啄木鸟春季特卖，全场 1 折起。微信品牌特卖，正品低价，时尚品牌热卖中！http：//url. cn/PBDY6O”。为了提高学习者情感建模的准确性，将所有包含超链接的微博都作为非情感性微博直接过滤掉。

（3）包含“＃”或“@”符号的微博。“@”和“＃”在微博中具有特殊的含义，“@＋微博用户 ID＋空格或标点符号”表示这条微博与该用户有关，两个“＃”之间的文字表示一个话题。因此，包含“@”的微博主要用于人际沟通交流，包含“＃”的微博用于表达用户对某一话题的观点态度，一般不包含自身心情感受的表达，在学习者情感建模过程中也可以直接过滤掉。例如“回复@bdwxg：是的，就像警察的职业梦想应该是天下无贼一样。宁可国家没有这样的救援队也不想再看到这叫人伤心的场面”、“＃世界杯～南非＃至于球星么，我比较喜欢杰拉德和兰帕德，朴实不华丽，却必不可少”。

（4）内容很短或者很长的微博。学习者通过微博表达个人心情感受时往往比较直接，因此情感性微博一般都比较简短，内容较长的微博通常是一些非情感性微博。内容太短的微博包含的语义往往不完整，很难判断其是否表达了情感。例如“有智不一定有知”、“大家都问我上学了，工作怎算好。上学就上学了，不理工作。学业永远放在前。至于我要不要做全职歌手，我想说顺其自然。机会我会争取，但很多事不能勉强。我有期望，但我可以接受失去。这行没有怀才不遇，只有时候未到，火候未够”。因此，在学习者情感建模中，将除去表情符号对应的文字表示后内容少于 10 个字符或多于 100 个字符的微博直接过滤掉。

（5）非中文形式的微博。不同于普通的规范文本，微博是一种表达非常自由的文本。因此，学习者发布的微博中难免存在着一定量的多语言夹杂现象，特别是英语的比例较高。例如“原来，天门的《秒速 5 厘米 ost》最后的 One more time，One more chance 是 Piano ver。（……）”、“Flying without wings～～亚历山大啊”。虽然以其他语言的形式存在的微博也可能包含了学习者的情感表达，但是对于非中文微博的情感分析不在本文的研究范围之内。因此，在学习者情感建模中，将包含3个以下中文词语的微博都作为非中文微博直接过滤掉。

采用上述规则虽然会过滤掉一些情感性微博，但是对于学习者的情感建模来说，为了保证情感性微博识别的准确性，可以允许少量的情感性微博不被识别出来。

4.3 基于单分类算法的情感性微博识别

经过上述规则过滤后的微博仍然很可能是非情感性微博。为此，本研究继续使用单类学习算法从情感性微博样本中学习得到一个分类器，以进一步判断其是否为情感性微博。

基于单分类算法的情感性微博识别过程如图4-1所示，主要包括三个步骤：分类特征选择与抽取、分类器的训练和情感性微博识别。分类特征选择与抽取主要从情感性微博样本中集中选择出能够区分情感性微博和非情感性微博的特征，并将每条微博信息表征为一个特征向量；分类器的训练以情感性微博样本的特征向量为输入，利用单类学习算法中的训练部分从中学习得到一个分类器，以支持情感性微博的识别；情感性微博识别则以学习者微博的特征向量为输入，利用分类器来判断它是情感性微博还是非情感性微博。

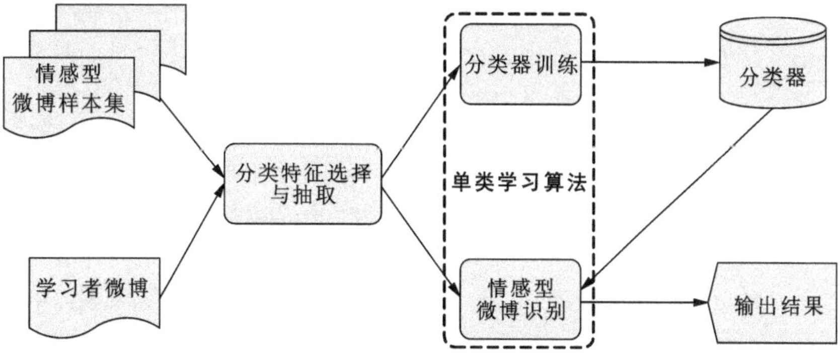

图4-1 基于单分类算法的情感性微博识别框架

从上图可以看出，基于单分类算法的情感性微博识别方法只需要一定量的情感性微博来训练分类器。而且，训练分类器的算法是单类学习算法，不是普通的二元分类算法。因此，情感性微博识别的关键在于情感性微博的获取、分类特征的提取和单类学习算法的选择。

4.3.1 情感性微博样本的自动获取

情感性微博数据集是单类学习算法训练分类器的数据基础。目前，虽然针对微博情感分析的研究已有一定发展，但还没有一个公开、权威的数据集。大多数研究者都是先从一些微博网站上采集到一定数量的微博，然后根据研究需要进行不同的预处理。情感性微博数据集的构建必须考虑两个问题：(1) 语料库的覆盖范围，即应该包含具有哪些情感类别的微博；(2) 微博样本的获取方法，即如何快速、准确地获取大量的情感性微博。

北京航空航天大学的许可等人在研究微博平台中的情感传播模式时，收集了新浪微博上 2010 年 4 月至 9 月 20 多万用户发布的 7000 多万条微博。在对微博进行情感分类时，他们首先利用表情符号将其中的 350 多万条微博自动标注为生气、悲伤、高兴和厌恶四种情感类别，然后使用这些微博作为训练集学习得到一个贝叶斯分类器来判定其余微博的情感类别，最后他们选取了其中的 620 余万条微博作为研究数据并对外免费公开。该数据集为本研究提供了良好的数据基础，在本研究的后续部分将其简称为“北航微博数据集”。需要说明的是，由于该数据集中的微博情感类别是通过表情符号或贝叶斯分类器自动标注的，因而很多微博的情感类别是不正确的，而且其中还存在许多非情感性微博。因此，本研究没有直接使用这个数据集，而是采用一定的规则从中选取了部分可信度较高的微博来构建情感性微博数据集。

在情感性微博数据集构建的过程中，对于数据集应该覆盖的情感类别，本研究综合考虑了微博中的情感类别分布和各种情感类别对学习的影响，只选取了高兴、悲伤和生气三种情感类别。因为表达厌恶情感的微博出现的比例较小，而且厌恶情感通常会与生气情感同时出现，所以本研究并没有将厌恶作为一种单独的情感纳入情感性微博数据集。确定数据集应该覆盖的情感类别后，本研究同样使用一些表情符号来快速获取大量的情感性微博。为了保证情感性微博的质量，首先使用本书 4.2 节提出的五条规则从北航微博数据集中过滤掉那些不大可能包含情感表达的微博；然后使用一些歧义较小的表情符号，筛选出只包含其中一个表情符号的微博；最后将筛选出的微博进行人工校对，去掉一些重复和标注错误的微博。

经过以上处理后，共得到了13700条微博，形成了一个初具规模的情感性微博数据集。情感性微博数据集的基本信息如表4-1所示。

表4-1 情感性微博数据集的基本信息

序号	情感	表情符号的文本表示	样本数量
1	高兴	(laugh-**-哈哈)、(mb_org-**-太开心)、(zk_org-**-狂笑)、(ye_org-**-耶)	6758
2	悲伤	(sad-**-泪)、(ku_org-**-哭)、(unheart-**-伤心)、(bs_org-**-悲伤)	3502
3	生气	(angry-**-怒)、(shengqi_org-**-生气)、(fn_org-**-愤怒)、(nm_org-**-怒骂)	3440

4.3.2 情感性微博的特征选择与抽取

在情感性微博数据集的基础上，还需要选择合适的特征对微博进行形式化的表示，才能使用单类学习算法训练能够识别情感性微博的分类器。特征选择就是要找出那些能够区分不同类别样本的特征，其结果在很大程度上决定了分类器的识别效果。对于情感性微博的识别来说，分类特征就是那些对情感表达具有重要作用的载体，如情感词、情感短语、表情符号等。

杨武等人在研究微博语句的主客观分类时，从三个方面提出了一些有效的主客观分类特征：主观线索特征、客观线索特征和连续双词词类组合模式①。张晶等人对微博中的情感表达进行了深入的分析，提出了五种类型的情感因子，分别为情绪词、情绪短语、情绪表达式、表情符号和标点符

① 杨武，宋静静，唐继强.中文微博情感分析中主客观句分类方法[J].重庆理工大学学报(自然科学)，2013，27(1)：51-56.

号[①]。基于上述研究结论，本研究选取了五个方面的特征对微博进行形式化表征，这些特征反映了情感性和非情感性微博在语义、语法等方面的主要区别。

（1）情感词。情感词是情感性微博的一个显著标志，这些词语直接反映了人们内在的心理反应与感受。情感词可以进一步分为直接情感词和间接情感词。直接情感词的词义本身就描述了某种情感，间接情感词的词义本身并不描述某种情感，但在一定的语境中会蕴含着某种情感。为了保证情感性微博识别的准确性，本研究仅使用直接情感词作为区分情感性和非情感性微博的一个二元分类特征。为了识别微博中是否包含直接情感词，我们使用了北京大学计算语言学研究所构建的情感词表，它包含高兴、生气、悲伤、惧怕和吃惊五个子词表，每个子词表包含了大约100个对应的直接情感词。

（2）情感短语。情感短语主要是指那些能够表达一定情感的词组和网络用语。例如“NC”、“NND”、“爽死了”、“坑爹”、“杯具”等。相对于情感词，情感短语表达的语义往往更准确，表达的情感更明确，这是情感性微博具有的一个重要特征。因此，本研究将情感短语也作为区分情感性和非情感性微博的一个二元分类特征。为了识别微博中是否包含直接情感短语，我们通过对情感性微博数据集的观察和分析，手工收集了86个情感短语构建了一个情感短语词表。

（3）表情符号。不同于其他规范性文本，微博作为一种不规范的网络文本，其中包含了大量的表情符号。这些表情符号以简单图形或彩色图像甚至动画等来表达作者的心情感受，这也是情感性微博区别于非情感性微博的一个重要标志。在微博中，表情符号通常被转写为一种特殊的文字形式，不同的微博平台具有不同的表情符号和对应的文字形式。本研究选取了新浪微博中常用于表达情感的27个表情符号作为情感性微博识别的一个二元特征。

（4）标点符号。标点符号对语言文字具有一定的补充作用，是表达情感的一个重要载体。在情感性微博中，感叹号和问号出现的频率往往非常高，而在非情感性微博中它们则出现较少。相反，冒号、引号、括号、百分号和单位符号在非情感性微博中出现的频率要远高于其在情感性微博中出现的频

---

① 张晶，朱波，梁琳琳，等.基于情绪因子的中文微博情绪识别与分类[J].北京大学学报(自然科学版)，2014，50(1)：79-84.

率。此外，在情感性微博中还经常出现标点符号连用的现象，例如："老子TMD怒了!!!!!! 这群NC到底有没有下限啊????????"据此，本研究定义了9个标点符号特征：感叹号、问号、问号连用、感叹号连用、冒号、引号、括号、百分号和货币符号。

（5）词性特征。已有研究指出，单一词性或几种连续词性的组合通常蕴含着主观性或客观性信息。情感性微博是一种主观性文本，而非情感性微博主要是一些客观性文本。因此，词性和词性组合对情感性和非情感性微博的分类来说也是一类很重要的特征。通常，形容词、语气词、副词、人称代词等在情感性微博中出现的频率较高。相反，非情感性微博中数词、量词、时间词、专有名词等出现较多。对于连续二元词性组合来说，"副词＋形容词"、"形容词＋的"、"形容词＋语气词"在情感性微博中出现较多，而"数词＋量词"、"名词＋数词"、"时间词＋时间词"则主要出现在非情感性微博中。根据杨武等人的研究结果，本研究选取了上述8种单一词性和6种连续二元词性组合作为情感性和非情感性微博的一组分类特征。

综合以上五个方面，最后共得到了26个分类特征。在计算特征的权值时，情感词、情感短语和表情符号为二元特征，即如果它们在微博中出现则其权值就为1，否则就为0；标点符号和词性特征的权值为其在微博中出现的频次。在此基础上，我们将每条微博表征为一个26维的特征向量$V=(f_1, f_2, \cdots, f_{26})$，这一特征向量将作为单类学习算法的输入。

4.3.3 两种典型的单分类学习算法

单类分类（One-Class Classification）是一种特殊的二元分类，它仅利用有限的正例样本来学习分类器，根据现有的正例样本来估计目标类别的决策边界。单类分类最早出现在Moya等人的研究工作中，目前已成为模式识别的一个重要分支，被应用于多个不同的领域。在文本分类中，单类分类在垃圾邮件过滤、主题网页识别等方面已得到广泛的应用①。

在传统分类算法的基础上，研究者已提出了许多改进算法以适应单类文

① Khan S S, Madden M G. A survey of recent trends in one class classification[C]//Artificial Intelligence and Cognitive Science. AICS 2009. Lecture Notes in Computer Science, 2010, 6206: 188-197.

本分类。常用的单类学习算法有原型方法（Rocchio's）、最近邻正类（NN-PC）、单类支持向量机（OC-SVM）、压缩神经网络（CNN）、正类朴素贝叶斯（PNB）、基于正例样本的学习方法（PEBL）等。本研究选取了最近邻正类（NN-PC）和单类支持向量机（OC-SVM）两种算法来研究情感性微博识别，因为这两种算法在训练阶段都只需要一定量的正例样本，不需要其他任何样本。

最近邻正类算法是在传统K近邻（KNN）算法的基础上，为适应单类分类改进而来的。该算法的基本过程为：

（1）分别计算训练集中任意两个正例样本的语义距离，找到每个样本x_i的最近邻y_i，并记录它们之间的语义距离：$dist_{min}(x_i) = min\ dist(x_i, y_i)\ (x_i \neq y_i)$；

（2）进一步找出$dist_{min}(x_i)$的最大值并记录为δ，即：$\delta = max\ min\ dist(x_i, y_i)\ (x_i \neq y_i)$；

（3）对于一个待分类的测试样本$test$，在训练集中找到距离它最近的训练样本x，并记录$test$与x之间的语义距离$dist(test, x)$；

（4）比较$dist(test, x)$和δ的大小，如果$dist(test, x) <= \delta$，则测试文档$test$属于目标类别，否则$test$不属于目标类别。

从最近邻正类算法的基本原理可以看出，如果训练集中存在一定的噪音样本，就会导致学习得到的δ值非常大，从而将所有未知样本均判定为目标类别。由于情感性微博数据集是通过表情符号自动构建的，其中难免包含一些非情感性微博，即存在一定的噪音样本。因此，最近邻正类算法无法直接应用于情感性微博的识别。为此，本研究在最近邻正类算法的基础上，提出了一种K近邻正类（KNN-PC）算法来识别情感性微博。KNN-PC算法的基本过程为：

（1）分别计算训练集中任意两个正例样本的语义距离，找到每个样本x_i的K个最近邻，并记录它们之间语义距离的最大值$dist_K(x_i)$；

（2）对于一个待分类的测试样本$test$，在训练集中找到距离它最近的K个样本$x_1, x_2, \cdots, x_K$，并记录它们之间的语义距离$dist(test, x_i)$；

（3）分别比较$dist(test, x_i)$和$dist_K(x_i)$的大小并进行投票。如果$dist(test, x_i) <= dist_K(x_i)$，则测试样本$test$属于目标类别的票数加1，否则$test$不属于目标类别的票数加1。最后测试样本$test$属于票数较多的

类别。

KNN-PC 算法的详细过程如图 4-2 所示。

```
Algorithm: KNN-PC
Input: Training Set T={x1, x2, …, xn};
       Number of nearest neighbors K;
Output: Class label C;
C=-1; Neighbors={y1, y2, …}; Distances={dist(xi, y1), dist(xi, y2), …}
for i=1 to n
    (Neighbors, Distances)=knnsearch(T-xi, xi, K);
    distK(xi)=max(Distances);
end for
(Neighbors, Distances)=knnsearch(T, test, K);
for j=1 to K
    if dist(test, xj)<=distK(xj) then
        emotional_rates=emotional_rates+1;
    else
        nonemotional_rates=nonemotional_rates+1;
    end if
end for
if emotional_rates>nonemotional_rates then
    C=+1;
end if
return C;
```

图 4-2 K 最近邻正类算法

单类支持向量机是由 Scholkopf 等人提出来的一种基于 SVM 的单类学习算法[①]。它的基本思想是：先使用核函数将原始的正例样本映射到一个新的特征空间，使得样本数据具有更好的聚集性；然后将坐标原点看作是唯一一个反例样本，使用标准 SVM 来寻找最优分类超平面，将正例样本和坐标原点分割开来。通过使用松弛参数，还可以允许少数的正例样本出现在分类

① Schölkopf B, Platt J, Shawe-Taylor J, et al. Estimating the support of a high-dimensional distribution[J]. Neural Computation, 2001, 13(7): 1443-1471.

超平面与坐标原点之间（如图 4-3 所示）。

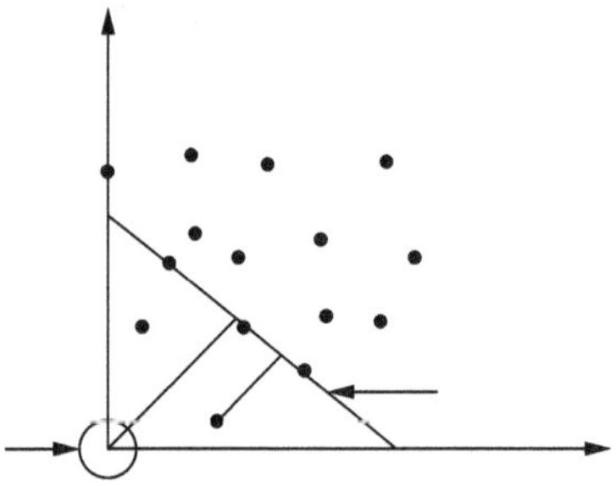

图 4-3　单类支持向量机算法

为了找出这个最优分类超平面，标准 SVM 需要求解以下的二次规划问题：

$$\min \frac{1}{2}\|w\|^2+\frac{1}{vl}\sum_{i=1}^{l}\varepsilon_i-\rho \tag{4-1}$$

$$\text{Subject to:}(w\cdot\phi(x_i))>\rho-\varepsilon_i \quad i=1,2,\cdots,l \quad \varepsilon_i\geqslant 0 \tag{4-2}$$

通过采用拉格朗日乘子方法求解以上二次规划问题，可以得到 w 和 ρ 的值，这个最优分类超平面的函数表达式如公式 4-3 所示：

$$f(x)=w\cdot\phi(x)-\rho \tag{4-3}$$

在公式（4-1、4-2）和（4-3）中，w 为支持向量的权重，ϕ 为核函数，ρ 为训练集中的所有样本点到分类超平面的最小距离。如果一个待分类样本对应的决策函数值大于 0，则该样本属于目标类别，否则不属于目标类别。

4.4　实验与结果分析

4.4.1　非情感性微博过滤规则的检验

为了检验本研究定义的非情感性微博过滤规则的有效性，我们从“北航微博数据集”中随机选取了转发的微博、包含超链接的微博、包含@符号的微博、长度小于 10 个字符的微博和长度大于 100 个字符的微博各 100 条，人工判断每条微博是否为非情感性微博，最后统计非情感性微博的比例，结果如图 4-4所示。

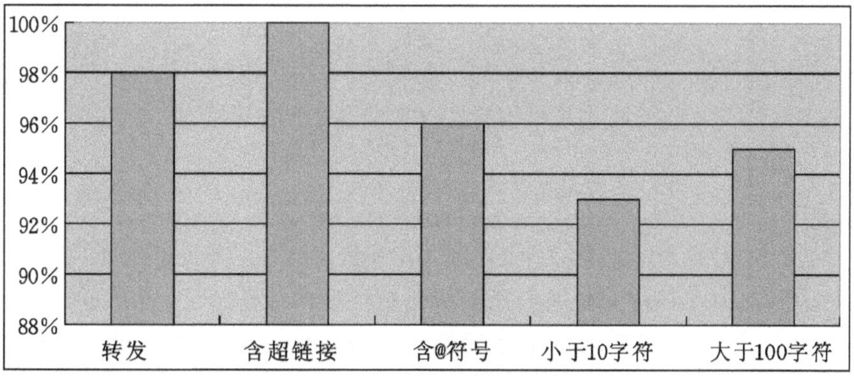

图 4-4　非情感性微博的统计结果

从图 4-4 中的结果我们可以看出，四条规则过滤掉的微博中 93%以上都是非情感性微博，特别是转发的微博和包含超链接的微博，非情感性微博的比例分别高达 98%和 100%。由此可见，本研究定义的四条非情感性微博过滤规则是有效的，能够快速地将一些易于识别的非情感性微博过滤掉，缩小情感性微博识别的范围，从而提高情感性微博识别的准确性。

4.4.2　单分类算法在情感性微博识别中的效果

为了检验基于单类分类的情感性微博识别方法的有效性，本研究从“北航微博数据集”中进一步随机选取了 500 条微博，人工将其标注为情感性和非情感性，作为本实验的测试数据。为了避免测试数据与训练数据出现重复，500 条测试数据的选取过程为：首先使用本章 4.2 节提出的规则对北航微博数据集进行过滤，然后从过滤后的微博中去掉 13700 条训练数据，最后从剩余的微博中随机选取 500 条微博进行人工标注。对人工标注的结果进行统计，其中包含情感性微博 217 条，占测试数据的 43.40%；非情感性微博 283 条，占测试数据的 56.60%。可见，对学习者情感建模而言，情感性微博识别是一项必要且富有挑战性的任务。

由于情感性微博识别是一个二元分类问题，因此我们使用准确率（*precision*）、召回率（*recall*）和 F1 值（F1）三个指标来评价情感性微博识别的效果，计算方法如下：

$$precision=\frac{\#system\_correct\ (emotion=Y)}{\#system\_predicted\ (emotion=Y)} \tag{4-4}$$

$$recall=\frac{\#system\_correct\ (emotion=Y)}{\#gold\ (emotion=Y)} \tag{4-5}$$

$$\mathrm{F1}=\frac{2\times precision\times recall}{precision+recall} \tag{4-6}$$

其中，$\#gold\ (emotion=Y)$ 是人工标注为情感性微博的数量，$\#system\_predicted\ (emotion=Y)$ 是系统预测为情感性微博的数量，$\#system\_correct\ (emotion=Y)$ 是系统预测为情感性微博且人工标注也为情感性微博的数量。

在实验过程中，将情感性微博数据集作为训练集，人工标注的测试数据作为测试集。实验的基本过程为：(1) 根据本章 4.3.2 节定义的分类特征，将训练集和测试集中的每条微博表示为一个 26 维的特征向量；(2) 分别使用 KNN-PC 算法和 OC-SVM 算法从训练集中学习得到一个分类器，并使用它来判定测试集中每条微博是否为情感性。KNN-PC 算法的实现主要使用了 MATLAB 中的 knnsearch 函数，OC-SVM 算法的实现直接使用了 LIBSVM 软件工具包。LIBSVM 是台湾大学林智仁（Lin Chih-Jen）等人开发设计的一个简单易用的 SVM 模式识别与回归的软件包[①]。LIBSVM 有多种语言版本，本研究使用的是 MATLAB 版本，其实现了 Scholkopf 等人提出的 OC-SVM 算法。在实验过程中，除了设置 SVM 的类型为 one-class SVM 以外，其余所有调节参数均为默认值。

在 KNN-PC 算法中，需要选择合适的 K 值才能获得较好的效果。关于 K 值的选择，目前为止还没有一种非常行之有效的方法，通常采用重复实验的方法来选择合适的 K 值。在实验过程中，采用不同的 K 值来计算测试集中情感性微博识别的准确度、召回率和 F1 值，发现 K 值为 7 时 F1 值较高（如图 4-5 所示）。

---

① Chang C, Lin C L: A library for support vector machines[J]. ACM Transactions on Intelligent Systems and Technology, 2011(2): 1-27.

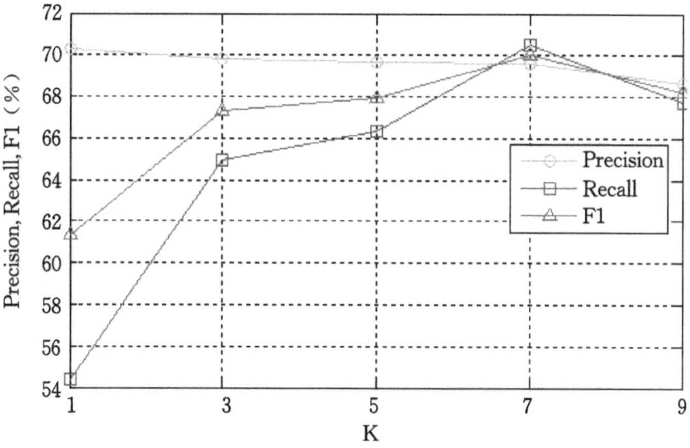

图 4-5　KNN-PC 算法中 K 值的选择

确定 KNN-PC 算法中的 K 值后，本研究进一步将 KNN-PC 算法、OC-SVM 算法与定义的基线方法（Baseline）进行对比。由于缺乏情感性和非情感性微博分类数据集，无法将基于单类学习的方法与基于监督学习的方法进行对比。因此，实验中定义的基线方法是将测试集中所有的微博都看作情感性微博。三种方法的实验结果如表 4-2 所示。

表 4-2　KNN-PC、OC-SVM 与基线方法的比较

	准确率	召回率	F1 值
Baseline	43.40%	100%	60.53%
KNN-PC	69.61%	70.51%	70.06%
OC-SVM	73.08%	68.13%	70.52%

从表 4-2 中的实验结果可以看出，基于 KNN-PC 的情感性微博识别方法和基于 OC-SVM 的情感性微博识别方法比基线方法获得的 F1 值均高出了约 10 个百分点。可见，基于单类学习的情感性微博识别方法取得了比基线方法更好的效果，特别是它大大提高了情感性微博识别的准确率。此外，KNN-PC 算法与 OC-SVM 算法在情感性微博识别中的整体效果相当，但是 OC-SVM 获得了更好的准确率，而 KNN-PC 则具有更高的召回率。

第5章　基于词聚类技术的微博情感语义表示方法

在情感性微博识别的基础上，还需要进一步判断微博中表达的情感类别，才能实现学习者情感建模。为了判定微博中表达的情感类别，首先要将学习者微博中的情感语义采用一种计算机可以理解的形式表征出来。情感语义表征是学习者微博情感判定的基础，对学习者微博中表达的情感进行准确的语义表征直接影响着情感判定的准确性。

目前，在文本分类与聚类中，最常用的语义表征模型是向量空间模型（Vector Space Model，VSM），也被称为词袋模型（Bag of Words）①。向量空间模型从大量的文档集中选择出一组具有代表性的特征项来构建语义特征空间，然后将每个文档看成特征空间中的一个向量，用向量之间的距离来衡量文档之间的语义相似度。词是中文的最小语义单元，因此，中文信息处理中通常采用一些关键词作为特征项来构建向量空间模型。

基于关键词的向量空间模型在文本分类与聚类中取得了不错的效果。然而，传统的文本分类与聚类中处理的都是一些较长的文本信息。微博最大的特点就是内容比较简短，但是用词却非常丰富。微博一般被限定为长度不多于140个字符，但更多的只是一个句子甚至一个短语。因此，如果采用基于关键词的向量空间模型来表征微博中的情感语义，就会出现严重的数据稀疏

---

① Manning C D，Raghavan P，Schutze H.信息检索导论[M].王斌，译.北京：人民邮电出版社，2010：83-88.

问题，进而导致微博情感类别判定的效果不理想[①]。

此外，向量空间模型最基本的假设是各分量之间相互正交，基于关键词的向量空间模型显然不满足这一假设。因为词语之间往往并不是相互独立的，而是存在着诸如同义、反义、类属、相关等多种语义关联。例如，人们在表达同一个概念时往往会使用不同的词汇，如有人习惯用“电脑”一词，而有人则喜欢使用“计算机”一词。然而，基于关键词的向量空间模型忽略了关键词之间的语义关联，这在一定程度上限制了微博情感语义表征的准确性。

为了更准确地表征微博中表达的情感语义，本章提出了一种基于词聚类的微博情感语义描述方法。该方法通过计算词语之间的语义相似度，将语义相似的词语聚集为一个词簇作为微博语义表征的特征项。基于词聚类的语义描述方法一方面能够降低特征空间的维度，缓解语义表征中的数据稀疏问题；另一方面，一个词簇本质上代表了一个概念，概念之间的独立性比词语之间的独立性强，因此，以词簇作为特征项更符合向量空间模型的基本假设。

5.1 文本的语义描述模型

5.1.1 向量空间模型

向量空间模型是由 Salton 等人在 20 世纪 60 年代提出的，并在著名的 SMART（System for Manipulation and Retrieval of Text）系统得到了成功的应用[②]。此后，该模型便在信息检索、文本分类与聚类、自动文摘中得到了广泛的应用。

---

① Gaudette L,Japkowicz N.Compact features for sentiment analysis[C].Proceedings of the 24th Canadian conference on advances in artificial intelligence,2011:146-157.

② Manning C D,Raghavan P,Schutze H.信息检索导论[M].王斌,译.北京:人民邮电出版社,2010:83-85.

向量空间模型的主要思想借鉴了数学中向量空间的概念，它通过各种分析方法得到能够代表文本语义的特征项，然后以这些特征项为维度构建一个多维的特征空间，将每个文本的语义表征为特征空间中的一个向量。假设现有 k 个表征语义的特征项，则一个文档 d 可以表示为一个 k 维向量，如公式 5-1 所示：

$$d=(t_1:w_i,\ t_2:w_2,\ \ldots,\ t_i:w_i,\ \ldots,\ t_k:w_k) \tag{5-1}$$

其中，t_i表示第 i 个特征项，w_i表示特征项 t_i在文档 d 中的权重。

在文本信息处理中，特征项通常可以是字、词、短语或者 N-Gram 等，需要根据不同的文本处理需求进行恰当的选择。在选择特征项的时候，要尽可能选择那些具有代表性和辨别性的字、词、短语或者 N-Gram，丢弃无意义的噪音数据以降低特征空间的维度。权重表征了特征项在文档语义中的重要程度，一般认为在文档中反复出现的特征项能够更好地代表文本的语义，因此，特征项 t_i的权重 w_i 通常被定义为 t_i 在文档中的频率 $tf(t_i)$ 的函数，即：

$$w_i=\varphi(tf(t_i)) \tag{5-2}$$

在实际应用中，根据不同的需求所使用的权重函数也不相同，常用的特征项权重函数有：

布尔函数：$$w_i=\varphi(tf(t_i))=\begin{cases}1, tf(t_i)>0\\0, tf(t_i)=0\end{cases} \tag{5-3}$$

频率函数：$$w_i=\varphi(tf(t_i))=tf(t_i) \tag{5-4}$$

TF-IDF 函数：$$w_i=\varphi(tf(t_i))=tf(t_i)*\log\left(\frac{N}{n_i}\right) \tag{5-5}$$

在上面的公式中，w_i表示特征项 t_i在文档中的权重，$tf(t_i)$表示特征项在文档中出现的频率，N 表示整个文档集合中的文档总数，n_i表示文档集合中包含特征项 t_i的文档数量。由于不同文档的长度各不相同，较长的文档所包含的特征项的出现频率会相对较高。因此，在使用公式（5-4）和（5-5）进行权重计算时会导致短文本和长文本存在不对等性。为此，需要对特征项的权重进行归一化，公式（5-4）和（5-5）可以改进为：

$$w_i=\varphi(tf(t_i))=\frac{tf(t_i)}{\sum_{j=1}^{k}tf(t_j)} \tag{5-6}$$

$$w_i = \varphi(tf(t_i)) = \frac{tf(t_i) * \log\left(\frac{N}{n_i}\right)}{\sqrt{\sum_{j=1}^{k}\left(tf(t_j) * \log\left(\frac{N}{n_j}\right)\right)^2}} \tag{5-7}$$

向量空间模型将一个无结构的文本转化为一个多维向量，使得计算机能够对文本进行复杂的计算和处理，在文本信息处理中得到了广泛的应用。但是，在使用向量空间模型表征文本信息时，一定要根据实际需要选择合适的特征项和权重计算方法，因为不同的特征项和权重函数对文本的语义表征具有很大的影响。

5.1.2 基于概念的语义表征

词是中文的最小语义单元。在使用向量空间模型表征中文信息的语义时，常使用词作为向量空间模型中的特征项。然而，使用词作为特征项存在两个问题：一是词之间往往存在各种语义关联，而向量空间模型最基本的假设是特征项之间相互独立；二是词的数量往往较多，这会导致构建的特征空间维度较高，同时伴随着数据稀疏问题。

针对基于词的向量空间模型存在的问题，一些研究者试图从更高的语言层次来建立文本的语义表征模型，例如，以短语、概念、主题等作为特征项。概念是词义相关的基本语义单元，一个概念通常对应多个词语。因此，概念空间比词语空间小而且各分量之间的独立性更强，更适合用来表征文本的语义内容。鉴于此，很多学者开始研究基于概念的向量空间模型。词语和概念之间是一种多对多的关系，基于概念的向量空间模型关键是如何将词语向对应的概念映射。目前，主要有两种方法来实现词语向概念的映射：基于语义词典和基于词聚类。

HowNet 是一个以汉语和英语的词语所代表的概念为描述对象，以揭示概念与概念之间以及概念所具有的属性之间的关系为基本内容的常识知识库。HowNet 中将义原作为概念单位，并通过一个 DEF 词条给出了每个词对应的义原，这为词语向概念的映射提供了重要依据。王萌和何婷婷从 HowNet 中提取词语的词义，并采用最大匹配的方法来消除多义词的歧义，构建了一个概念向量空间模型并将其成功应用在自动摘要中[①]。吴志峰使用HowNet研究了基于概念特征的中文文本分类，并通过查找实例搭配和概念关系推理来消除多义词的歧义，实现将词语映射到概念[②]。清华大学的廖莎莎和江铭虎利用HowNet提出了一种基于概念抽取和屏蔽层的特征选择方法，并在中文文本分类中验证了该方法的有效性[③]。该方法基于义原在概念树中的位置和子节点数量，赋予其适当的权值来说明其描述能力，并设定一个阈值作为屏蔽层，将权值高于屏蔽层的义原选入特征集。虽然HowNet能够较好地实现词语向概念的映射，但是，HowNet中的词语是有限的，不能涵盖网上出现的大量新词。

除了HowNet中的义原外，概念的另一种表征形式是词簇，它是一组意义相似或相关的词语的集合。基于这一思路，以词簇作为概念的表征形式，构建基于概念的向量空间模型，关键在于词语的语义聚类。在统计语言模型中，词聚类是解决数据稀疏的主要方法之一，因为词类的数量远小于词的数量。在中文信息处理中，一些研究者也纷纷采用词簇作为向量空间模型的特征项来表征文本的语义内容。伍建军和康耀红提出了一种基于特征词聚类的降维方法，使用改进的平均K-L（Kullback-Leibler）距离来计算两个词簇的相似度以此对特征词进行聚类，然后使用特征词簇作为文本分类的特征项[④]；常鹏和冯楠以词共现分析为基础，利用关联规则算法抽取文档集中的词共现组合，然后以词共现组合作为特征项构建了一个文档向量主题表示模型（CTVSM），并定义了基于CTVSM的文档相似度[⑤]；陈炯和张永奎使用CHI计算两个词语之间的相关度实现特征词聚类，然后使用生成的词簇作为文本表征的特征项，并根据关键词到特征项的映射方法不同定义了不同的权重计算方法[⑥]。词聚类能够利用统计方法计算所有词之间的相似度，可

---

① 王萌，何婷婷，姬东鸿，等.基于HowNet概念获取的中文自动文摘系统[J].中文信息学报，2005，19(3)：87-93.

② 吴志峰.基于概念特征的中文文本分类研究[D].保定：河北大学，2005，6.

③ 廖莎莎，江铭虎.中文文本分类中基于概念屏蔽层的特征提取方法[J].中文信息学报，2006，20(3)：22-28.

④ 伍建军，康耀红.一种基于特征词聚类的文本分类方法[J].情报理论与实践，2007，30(1)：109-111.

⑤ 常鹏，冯楠.基于词共现的文档表示模型[J].中文信息学报，2012，26(1)：51-57.

⑥ 陈炯，张永奎.一种基于词聚类的文本特征描述方法[J].计算机系统应用，2011，20(2)：211-215.

以避免 HowNet 对未登录词无法处理的弊端，因此，比较适合于互联网上不规范化文本（如微博、论坛发帖等）的分析处理。

5.2 基于词聚类的微博情感语义描述

针对基于词的向量空间模型在文本语义表征中存在的问题，结合微博语言简短而用词丰富的特点，本研究提出了一种基于词聚类的微博情感语义描述方法。该方法由三个基本过程组成，分别是情感特征词的选择、情感特征词聚类和词簇特征权重计算，其中情感特征词聚类是整个过程的核心。总体的过程框架如图 5-1 所示。

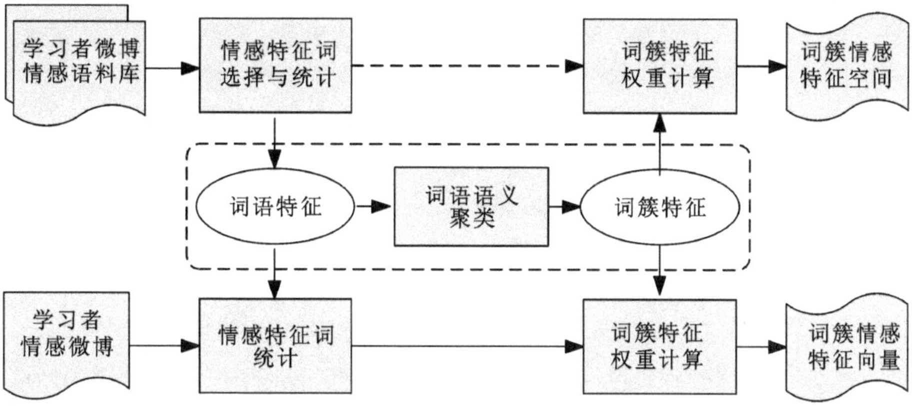

图 5-1 基于词聚类的微博情感语义描述

从词语的角度讲，不是所有的词语对情感的表达都具有作用，如一些数量词、代词等对情感表达基本没有意义。因此，在微博的情感语义表征过程中，首先应该选择出那些对情感表达具有作用的词语作为特征词。在情感特征词抽取的基础上，依据情感特征词之间的语义相似度，采用一定的聚类算法将语义相似的词语聚集为一簇，得到一个词簇列表。最后，以词簇为情感语义表征的特征项，采用一定的权重计算策略，将微博表示为一个多维向量。下面将详细介绍基于词聚类的微博情感语义表征的关键步骤，主要包括情感特征词的选择、基于语义相似度的特征词聚类和词簇特征的权重计算。

5.2.1 情感特征词的选择

微博虽然内容比较简短，但涉及的主题却很广泛，用词也非常丰富，因此，包含了很多对情感表达没有意义的词语。对微博的情感语义表征来说，这些词语不仅会导致高维数据稀疏问题，还会使有效的情感特征词被噪声词语所淹没。为了更准确地描述微博中的情感语义，首先应该尽可能地将这些噪声词语过滤掉，选择出对情感表达有效的特征词。

在微博的情感语义描述中，首先应该被过滤掉的噪声词语就是那些出现频率很高，而且对主题和情感表达又没有实际意义的停用词，如常见的介词、量词、人称代词等。停用词的过滤通常需要借助一个停用词表来完成。传统的停用词表来源于信息检索，其中包含的是一些对主题没有描述能力的高频词。对微博的情感表征来说，很多传统的停用词在情感表达中却具有重要的意义，如“哈哈”、“靠”、“唉”等。为此，本研究对传统的停用词表进行了人工校对，去掉了一些对情感表达具有作用的词语，形成了一个包含263个常见符号和476个词语的停用词表，用于初步过滤掉一些对微博的情感语义描述没有意义的噪声词语。

除了停用词外，还有一类噪声词语就是那些文档频率很低的罕见词语。如果一个罕见词语实际上对情感表达没有任何意义，但在训练集中这个词语却恰恰都出现在“生气”这个情感类别中，那么通过训练集学习后可能会产生一个情感分类器，它将包含该词语的微博都误判为表达了生气的情感。由于微博所涉及的主题广泛，而训练集中包含的样本非常有限，因此，不可避免地包含了很多文档频率很低的词语。在微博的情感语义表征中，本研究以确保每个样本至少包含一个特征词为前提，根据经验进一步将文档频率过低的词语作为噪声词语过滤掉，从而得到更有效的情感特征词。

在停用词和低频词过滤的基础上，剩余的基本上是一些对主题描述或情感表达具有一定作用的特征词语。但是，对微博情感语义表征而言，其中还存在一类没有情感类别区分能力的噪声词语。这类词语均匀分布在各个情感类别中，主要的作用在于描述微博的内容主题，对情感语义表征意义较小。

在传统的文本分类中，研究者已提出了许多衡量特征的类别区分能力的方法，如文档频率、互信息、信息增益、卡方检验等。已有比较研究表明，信息增益和卡方检验在众多特征选择算法中具有较好的性能[①]。据此，在确保每个样本至少包含一个特征词语的前提下，本研究采用信息增益的方法计算每个词语的情感类别区分能力，进一步选择出那些情感类别区分能力较强的词语作为描述微博情感语义的特征词语。信息增益的计算方法如下：

$$IG(w_j) = -\sum_{k=1}^{m} P(e_k)\log P(e_k) + P(w_j)\sum_{k=1}^{m} P(e_k \mid w_j)\log P(e_k \mid w_i) + P(\overline{w_j})\sum_{k=1}^{m} P(e_k \mid \overline{w_j})\log P(e_k \mid \overline{w_j}) \tag{5-8}$$

其中，w_j 表示第 j 个词语，e_k 表示第 k 个情感类别，$IG(w_j)$ 表示词语 w_j 的信息增益，w_j 和 $\overline{w_j}$ 表示词语 w_j 在某条微博中的出现与不出现。

5.2.2 基于语义相似度的特征词聚类

词语的相似度计算是词聚类的前提。根据词语的语法、语义和语用特征，词语的相似度具有不同的含义和计算方法[②]。从语法的角度看，词语的相似度是指语法特征的相似度，可以用替换相似度衡量。替换相似度是指在特定的语言上下文中两个词语互换而不影响上下文的结构。从语义的角度看，词语的相似度是指语义特征的相近或相关，即两个词语在含义上的相近程度或相关程度。从语用的角度看，词语的相似度是指面对具体应用时所表现出的特征和作用相似。由于本研究使用词聚类的目标是将含义相同或相近的词语聚为一簇来表征一个概念，从而更准确地表征微博的情感语义。因此，本研究主要基于词语的语义相似度对词语进行聚类。

目前，词语的语义相似度计算主要有两种方法：基于语义知识库的方法

---

① Yang Y, Pederson J O. A comparative study on feature selection in text categorization[C]. Proceeding of the Fourteenth International Conference on Machine Learning, San Francisco, CA, USA, 1997: 412-420.

② 郭怀恩，朱礼军，徐硕.词聚类技术研究综述[J].数字图书馆论坛，2010(5)：15-19.

和基于语料库统计的方法[1]。前者主要依赖于某些语义知识库，如同义词词林、WordNet、HowNet 等。基于语义知识库的方法较好地实现了词语间的语义相似度计算，但它只能计算语义知识库中包含的词语间的语义相似度，对于未登录词就不适用了。基于语料库统计的方法是假设两个语义相近的词，它们的上下文环境通常也相似。据此，该方法通过一定的方法统计分析两个词语的上下文环境来计算词语的语义相似度。基于语料库统计的方法能够计算语料库中任意两个词语之间的语义相似度，避免了基于语义知识库的方法不适用于未登录词的问题。由于学习者微博的语言表述非常的不规范，其中包含了大量的网络新词、简写、缩写，因此，本研究选用基于语料库统计的方法来计算词语之间的语义相似度。

在基于语料库统计的语义相似度计算过程中，首先需要确定词语的上下文环境。词语的上下文环境可以是紧随目标词后的一个词语，也可以是目标词前后的若干词。Farhat 等人给出了目标词上下文的形式化表示，并通过实验发现上下文长度为 2 的时候词语的聚类效果最佳[2]。据此，本研究将一个词语的上下文定义为它的左右邻近词，即目标词 T 的上下文可形式化地表示为：$C=(w_{-1}, T, w_1)$。在词语的上下文定义基础上，本研究分别以目标词语的左近邻词和右近邻词为特征，以它们与目标词的共现频率为权重，将每个目标词语的上下文分别表示为两个向量。然后，使用向量夹角的余弦来计算目标词的左近邻相似度和右近邻相似度。最后，选取左近邻相似度和右近邻相似度中的最大值作为两个词语的语义相似度，即：

$$sim(w_1, w_2)=\max(\cos(LV_1, LV_2), \cos(RV_1, RV_2)) \qquad (5\text{-}9)$$

其中，LV_1和RV_1分别代表目标词语w_1的左近邻向量和右近邻向量；LV_2和RV_2分别代表目标词语w_2的左近邻向量和右近邻向量；cos 表示两个

---

① Pedersen T, Patwardhan S, Michelizzi J. WordNet: Similarity: Measuring the relatedness of concepts[C]. Proceeding of HLT-NAACL Demonstrations'04, Demonstration Papers at HLT-NAACL 2004: 38-41. 刘群，李素建. 基于《知网》的词汇语义相似度计算[J]. International Journal of Computational Linguistics and Chinese Language Processing, 2002, 7(2): 59-76. 石静，吴云芳，邱立坤. 基于大规模语料库的汉语词义相似度计算方法[J]. 中文信息学报, 2013, 27(1): 1-6.

② Farhat A, Isabelle J, O'Shaughnessy D. Clustering words for statistical language models based on contextual word similarity[C]. Proceeding of the International Conference on Acoustics, Speech and Signal Processing, IEEE Computer Society, 1996: 180-183.

向量的夹角的余弦值，计算方法为：

$$\cos(V_1, V_2) = \frac{\sum_{w=L(w_1)\cap L(w_2)} O(w, w_1) * O(w, w_2)}{\sqrt{\sum_{w=L(w_1)} O(w, w_1)^2} * \sqrt{\sum_{w=L(w_2)} O(w, w_2)^2}} \qquad (5\text{-}10)$$

其中，V_1和V_2分别表示词语w_1和w_2在语料库中的左近邻词向量，$L(w_1)$和$L(w_2)$分别表示词语w_1和w_2在语料库中的左近邻词语集合，$O(w_i, w_j)$表示词语w_i和w_j在语料库中共现的次数。公式（5-10）计算的是词语w_1和w_2的左近邻相似度，它们的右近邻相似度计算方法类似。

定义词语的语义相似度计算方法后，还需要选择合适的聚类算法完成词语的聚类分析。根据聚类的方式不同，聚类算法可分为扁平聚类算法和层次聚类算法，这两类算法在词聚类中都得到了广泛的应用。扁平聚类算法会给出一系列扁平结构的簇，它们之间没有任何显示的结构来表明彼此的关联性，而层次聚类算法则会产生层次性的聚类结果。由于汉语的语义分类体系是一个分层树状结构[①]，聚类算法应该在反映语料库统计信息的基础上，尽量符合语言学家所定义的汉语语义分类结构，因此，本研究在词聚类过程中选择使用层次聚类算法。

层次聚类可以是一个自顶向下或自底向上的过程。自底向上的算法一开始将每个词看作一个簇，然后不断地对簇进行两两合并，直到聚类结果满足结束要求为止。自顶向下的算法开始将所有的词看作一个簇，然后不断利用某种方法对簇进行分裂，直到聚类结果满足结束条件为止。本研究在词聚类过程中采用自底向上的策略：首先，每个特征词各自代表一个词簇，词簇的数目就是特征词集合的大小；然后，将当前层中语义相似度最大的互近邻词簇合并为一个词簇。互近邻的定义如下：

假设i和j是当前层中的任意两个词簇，且$i \neq j$，$dist(i,j)$表示词簇i、j间的距离，如果词簇j是当前层中与词簇i距离最近的一个词簇，则称词簇j是词簇i的近邻，记为：

$$neib(i) = \{j \mid d(i,j) = \min(dist(i,j)), i \neq j\} \qquad (5\text{-}11)$$

如果存在$neib(i)=j \&\& neib(j)=i$，则称词簇i和词簇j为互近邻。

词簇i、j间的距离$dist(i, j)$表示两个词簇的语义相似度。目前，

① 陈浪舟，黄泰翼.一种新颖的词聚类算法和可变长统计语言模型[J].计算机学报，1999，22(9)：942-948.

常见的簇间距离计算方法有单链接、全链接、组平均和质心方法。这些方法将簇间的距离定义为两个簇中个体距离的函数。本研究采用全链接方法来计算两个词簇之间的语义相似度，将两个词簇间的语义相似度定义为簇内特征词的语义相似度的最小值。具体计算方法为：

$$dist(class_i, class_j) = \min(sim(w_{ik}, w_{jl})), w_{ik} \in class_i, w_{jl} \in class_j \tag{5-12}$$

其中，$class_i$和$class_j$分别表示当前层中第i、j两个词簇，w_{ik}表示属于词簇$class_i$的第k个词语，sim（w_{ik}，w_{jl}）表示词语w_{ik}与w_{jl}的语义相似度。

根据以上分析和相关定义，基于语义相似度的特征词聚类算法如图 5-2 所示。

```
Algorithm: Word clustering
Input: Feature word list L = { w_1, w_2, ..., w_n }; Threshold of word cluster number N;
Output: Word clusters C;
for i = 1 to n - 1
    class_i = {w_i}
    for j = i + 1 to n
        class_j = {w_j}
        calculate sim(w_i, w_j) for (w_i, w_j) using formula (5-9)
    C = C ∪ class_i ∪ class_j
while size(C) > N
    m = -1, n = -1, max = -1;
    for each class_i ∈ C
        for each class_j ∈ C
            if i == j break;
            calculate dist(i, j) for (class_i, class_j) using formula (5-12)
            if dist(i, j) > max
                max = dist(i, j); m = i; n = j;
    class_m = class_m ∪ class_n
    C = C - class_n
return C
```

图 5-2　情感特征词的语义聚类算法

5.2.3 词簇特征的权重计算方法

在基于向量空间模型的文本语义表征中，特征选择和权重计算是其中的两个关键步骤。基于关键词的向量空间模型一般使用词语的出现与否、频率、TF-IDF 值等作为特征的权重。在微博情感语义表征中，以语义高度相似的词簇作为特征项，需要使用新的方法来计算每个词簇特征的权重。由于一个词簇是语义高度相似的词语的集合，因此，一种简单的方法是将词簇特征的权重定义为其组成词语的权重之和，即：

$$w(class_i)=\sum_{w_{ij}\in class_i} w(w_{ij}) \tag{5-13}$$

其中 w ($class_i$) 表示第 i 个词簇特征 $class_i$ 在一条微博中的权重，w_{ij} 是属于词簇特征 $class_i$ 中的词语，$w(w_{ij})$ 表示特征词 w_{ij} 在该微博中的权重，可以使用公式 (5-3)、(5-4) 或 (5-5) 进行计算。当使用公式 (5-3) 得到特征词的布尔权重时，词簇的权重是其组成词语权重的逻辑或运算结果。

公式 (5-13) 将词簇中的词语等同对待，这显然与实际的情形不符。一个词簇中的词语虽然在语义上高度相似，但是它们对词簇所表征概念的代表能力却是不尽相同的。因此，当使用词频和 TF-IDF 值作为词语的权重时，本研究给词簇中的每个词语添加了一个权重系数来表示其词簇代表能力。通常，一个词语距离簇中心越近，则它的代表能力越强，它与其他词语的语义距离分布也越均匀。据此，可以用一个词与词簇中其他词语的语义距离的方差来表征词语的代表能力。一个词语到簇内其他词语的语义距离的方差越大，说明该词语距离簇中心越远，其代表能力越差；反之，一个词语到簇内其他词语的语义距离的方差越小，说明其距离簇中心越近，其代表能力越强。据此，词语的词簇代表能力可以使用如下的公式进行计算：

$$r_i=\frac{1}{dev(sim(w_i,w_j))} \tag{5-14}$$

其中，r_i 表示一个词簇中第 i 个词语 w_i 的代表能力，w_j 表示该词簇中其余的词语，$w_i \neq w_j$，$sim(w_i,w_j)$ 表示词语 w_i 和 w_j 的语义相似度，dev 表示方差函数。

已有研究表明，特征项的类别区分能力应该被纳入权重计算之中[①]。特征项的类别区分能力可以通过特征项的分布情况来反映，如果一个特征项在各个类别的分布很均匀，那么它的类别区分能力显然比较差，相反其区分能力就比较强。在文本分类中，信息增益用于衡量特征的出现或不出现对于类别预测所贡献的信息量，能够较好地表征特征项的区分能力。本研究将词簇特征的区分能力定义为其组成词语的信息增益平均值，即：

$$d_i = \frac{1}{n}\sum_{j=1}^{n} IG(w_{ij}) \tag{5-15}$$

其中，d_i表示第 i 个词簇特征的区分能力，w_{ij}表示词簇 i 中的第 j 个词语，$IG(w_{ij})$表示词语 w_{ij}的信息增益，计算方法见公式(5-8)。

在定义词语的词簇代表能力和词簇的类别区分能力的基础上，学习者微博的情感语义表示中词簇特征的权重计算方法定义为：

$$w(class_i) = d_i * \sum_{j=1}^{n} (r_j * w(w_{ij})) \tag{5-16}$$

5.3 实验与结果分析

为了检验基于词聚类的微博情感语义描述方法是否有效，在实验部分我们设计了两组对比实验。第一组对比实验分别以关键词和词簇作为特征项进行情感分类实验，对比分析关键词和词簇在微博情感语义表征中的效果；第二组对比实验以词簇作为特征项，采用不同的权重计算方法进行情感分类实验，对比分析不同权重因子在微博情感语义表征中的作用。

5.3.1 实验数据和平台环境

在微博的情感分类实验中，首先需要构建一个微博情感分类语料库。目前，虽然对微博的研究已经比较多，但还没有一个权威的微博情感分类语料

① 张爱华，靖红芳，王斌.文本分类中特征权重因子的作用研究[J].中文信息学报，2010，24(3)：97-104.

库。在第四章中，我们从“北航微博数据集”中选取了13700条情感性微博，并利用表情符号将其自动标注为高兴、悲伤和生气三种类别。本章将以这13700条微博作为实验数据进行情感分类实验，评价基于词聚类的微博情感语义描述方法的效果。实验数据的基本信息和情感分布分别见表5-1、5-2。

表 5-1 微博情感分类语料库的基本信息

样本数	情感类别数	字符总数	最长字符数	最短字符数	平均字符数
13700	3	932，235	98	41	68

表 5-2 微博情感分类语料库的情感分布情况

情感类别	生气	高兴	悲伤
样本数量	3440	6758	3502

在微博情感语料库的基础上，我们选择分类效果较好的支持向量机（Support Vector Machine，SVM）算法进行微博情感分类实验。具体的实验工具使用了LIBSVM，它是台湾大学林智仁（Lin Chih-Jen）等人开发设计的一个简单易用的SVM模式识别与回归的软件包①。LIBSVM有多种语言版本，在实验过程中我们使用的是它的MATLAB版本，所有的调节参数均为默认值。

在LIBSVM的基础上，本章所有的实验均在一台联想G470笔记本电脑上完成，其基本的软硬件配置为：Intel（R）Core（TM）i3-2350M CPU@ 2.30 GHz；4.00 GB（2.95 GB可用）；Windows 7旗舰版Service Pack 1；Matlab R2010b。

5.3.2 微博情感分析实验的评价指标

在微博的情感分类实验中，主要使用准确率、召回率和F1三个指标来评价情感分类器对每一种情感的判定效果，使用微平均F1和宏平均F1两

① Chang C, Lin C L: A Library for Support Vector Machines[J]. ACM Transactions on Intelligent Systems and Technology, 2011, 2: 1-27.

个指标来评价情感分类器的总体性能。

对于某一种情感类别来说，准确率被定义为预测结果中被正确预测为该类别的样本占预测结果中该类别的样本的百分比，召回率被定义为预测结果中被正确预测为该类别的样本占测试集合中该类别的样本的百分比，F1是准确率和召回率的一个调和值。一种情感类别的准确率、召回率和F1的计算方法如公式（5-17）、（5-18）、（5-19）所示：

$$precision=\frac{A}{A+B} \tag{5-17}$$

$$recall=\frac{A}{A+C} \tag{5-18}$$

$$\mathrm{F1}=\frac{2*precision*recall}{precision+recall} \tag{5-19}$$

其中，*precision*、*recall* 和F1分别代表一个情感类别的准确率、召回率和F1，A 表示分类结果中被正确预测为该类别的样本数量，B 代表分类结果中被错误预测为该类别的样本数量，C 代表测试集中属于该类别但是被错误预测为其他类别的样本数量。

微平均F1和宏平均F1是衡量情感分类器整体效果的两个重要指标。微平均将所有的测试样本等同看待，在整个测试集合上统计准确率和召回率。微平均准确率、微平均召回率和微平均F1相等，其计算方法见公式（5-20）。对于不均衡语料，微平均容易受到大类的分类效果的支配。宏平均不是将测试集合中的所有样本等同对待，而是将所有类别等同对待，因此结果不会被大类的分类效果所支配，是衡量不均衡语料分类效果的重要指标。宏平均F1是所有类别的F1的算术平均值，其计算方法见公式（5-21）。

$$Micro\mathrm{F1}=\frac{1}{M}\left(A_1+A_2+\cdots+A_N\right) \tag{5-20}$$

$$Macro\mathrm{F1}=\frac{1}{N}\left(F_1+F_2+\cdots+F_N\right) \tag{5-21}$$

其中，*Micro*F1和*Macro*F1分别代表微平均F1和宏平均F1，M 是测试集合中的样本总数，N 是情感类别总数，A_N 代表分类结果中被正确分配为第 N 种情感类别的样本数量，F_N 代表分类结果中第 N 种情感类别的F1。

5.3.3 词簇特征对微博情感语义表征的效果

为了分析词簇特征在微博情感语义表征中的效果，本研究分别以关键词和词簇作为特征进行微博情感分类对比实验。由于特征数量对微博情感语义表征具有重要影响，直接决定着微博情感分类的结果，因此，在实验过程中，我们设置了一系列不同的特征数量进行了多次实验，对比分析了两种特征对微博情感语义表征的准确性。实验过程主要包括三个步骤：

（1）获取有效的情感特征词语。使用中国科学院计算技术研究所的分词软件 ICTCLAS 对语料库中所有的微博进行中文分词，使用停用词表过滤掉其中包含的停用词；在确保每个样本至少包含一个特征词语的前提下，根据经验将文档频率低于 5 的噪音词语去掉；计算每个词语的信息增益，在确保每个样本至少包含一个特征词语的前提下，选取信息增益最大的前 2000 个词语作为微博情感语义表征的特征词语。

（2）在情感特征词语的基础上，分别构造关键词特征向量和词簇特征向量。关键词特征是依据词语的信息增益值从特征词语集合中选择出一个子集作为特征项。词簇特征是使用本章提出的词聚类算法将情感特征词进行聚类得到的多个词簇，每个词簇为一个特征。每次实验都设置词簇特征的数量与关键词特征的数量相同，均采用相同的权重计算方法——词频权重法。一个关键词特征的权重就是它出现的频次，一个词簇特征的权重是其组成词语的权重的代数和。

（3）将基于关键词特征的向量集合和基于词簇特征的向量集合分别作为 LIBSVM 的输入，进行五倍交叉验证实验。即将向量集合随机等分为 5 份，每次取其中 4 份作为训练数据，1 份作为测试数据。统计每次微博情感分类实验的微平均 F1 和宏平均 F1，最后的实验结果为 5 次实验结果的平均值。

根据上述实验过程，本研究统计了特征数量为 5～200 时，微博情感分类实验的微平均 F1 和宏平均 F1，结果如图 5-3 和 5-4 所示。

从图 5-3 和图 5-4 可以看出：（1）在特征数量相同的情况下，使用词簇作为特征项得到的微平均 F1 和宏平均 F1 均高于使用词语作为特征项时的结果。这一结果说明，使用词簇作为微博情感语义表征的特征项更加合理。（2）不管是使用词语还是词簇作为特征项，微平均 F1 和宏平均 F1 达到峰值需要的

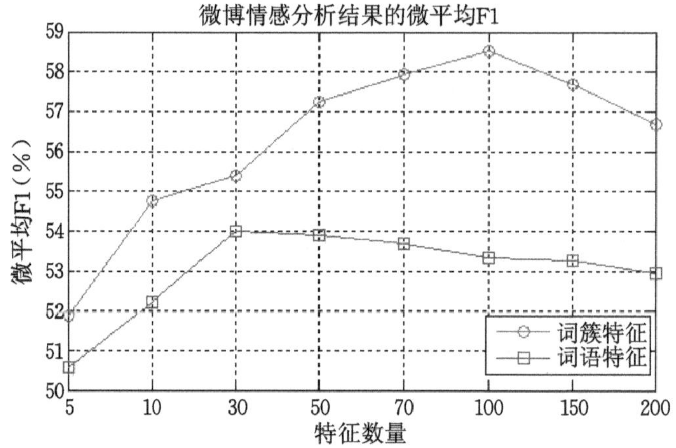

图 5-3　使用不同的特征时的微平均 F1

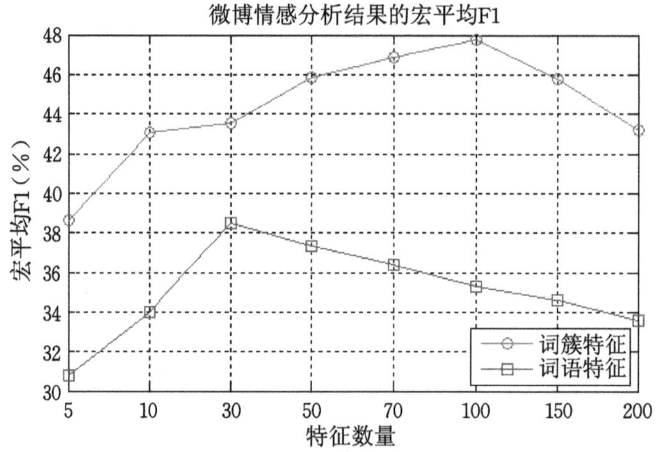

图 5-4　使用不同的特征时的宏平均 F1

特征数量都较少，而且使用词语作为特征时二者达到峰值需要的特征数量较使用词簇作为特征时要少。这说明表征微博情感语义的特征并不需要很多，微博中大部分词语对情感表达意义不大，情感往往是通过少量词语来表现的。(3) 当特征数量在 70～150 时，使用词簇作为特征项时微平均 F1 和宏平均 F1 的变化不大。这说明使用词簇作为特征项时，微博情感分类的结果对特征数量的变化相对不敏感，因此更容易找到最优化的特征数量区间。

5.3.4 不同的词簇权重计算方法的比较

在微博的情感语义描述中，不仅特征项具有重要的作用，特征项的权重计算方法也很重要。在基于词簇的微博情感语义表征中，词簇特征的权重定义由三个部分组成：组成词语的权重之和、词语的词簇代表能力和词簇的类别区分能力。词语的权重计算方法也有三种：布尔权重、频次权重和 TF-IDF 权重。为了分析不同权重计算方法对微博情感语义表征的作用，在实验过程中我们分别使用不同的方法计算词簇特征的权重进行情感分类对比实验。

在计算词簇特征的权重时，我们先不考虑词语的词簇代表能力和词簇的类别区分能力，分别使用布尔权重、频次权重和 TF-IDF 权重计算词语特征的权重，进行微博情感分析实验。在不同的词簇特征数量下，得到的微博情感分类实验结果如图 5-5、5-6 所示。

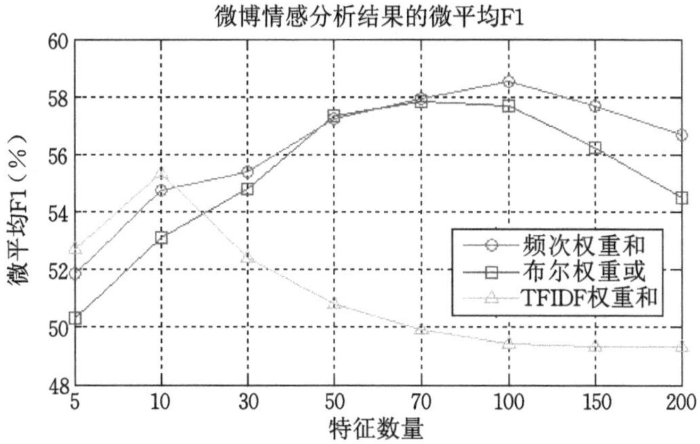

图 5-5　使用不同的词语权重计算方法时的微平均 F1

从图 5-5 和图 5-6 可以看出，在等同对待词簇内所有词语的情形下，使用频次权重作为词语特征的权重时，微博情感分类结果的微平均 F1 和宏平均 F1 的峰值均高于使用布尔权重和 TFIDF 权重时的结果。使用 TFIDF 权重作为词语特征的权重时，虽然只需很少的词簇特征就可以使微博情感分类结果的微平均 F1 和宏平均 F1 达到峰值，但是整体效果比较差，而且对特

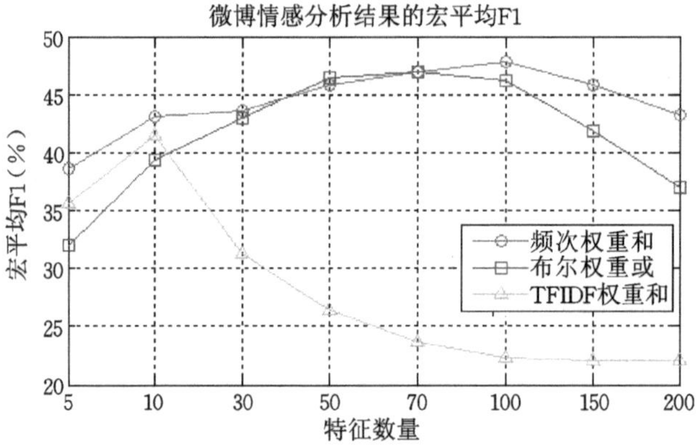

图 5-6　使用不同的词语权重计算方法时的宏平均 F1

征数量的变化比较敏感。相反，使用频次权重、布尔权重作为词语特征的权重时，微博情感分类结果的微平均 F1 和宏平均 F1 对特征数量不敏感。这些结果说明，在微博情感语义表征中，使用频次权重作为词语特征的权重比使用布尔权重、TFIDF 权重更为有效。

在前面实验结果的基础上，在计算词簇特征的权重时，我们选用频次权重作为词语特征的权重，并分别考虑词语的词簇代表能力和词簇的类别区分能力，进行微博情感分析实验。在不同的词簇特征数量下，得到的微博情感分类实验结果如图 5-7、5-8 所示。

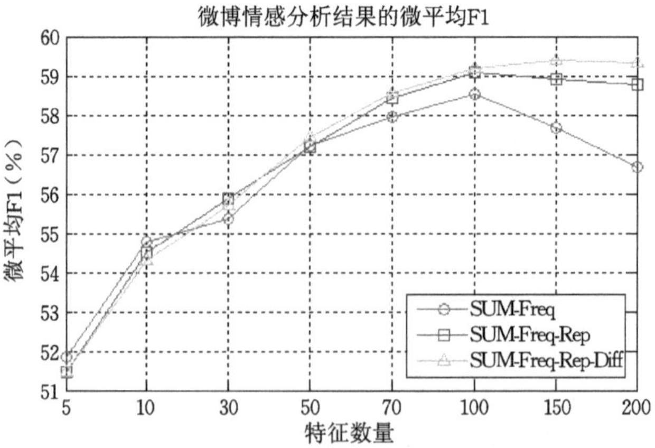

图 5-7　使用不同的词簇权重计算方法时的微平均 F1

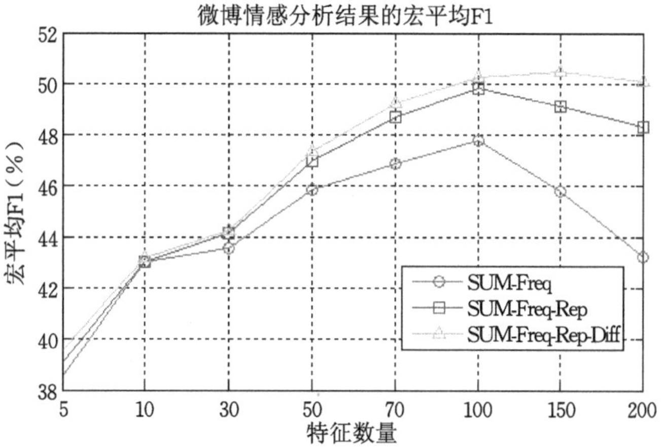

图 5-8　使用不同的词簇权重计算方法时的宏平均 F1

从图中的结果可以看出，在计算词簇特征的权重时，考虑词语的词簇代表能力和词簇的类别区分能力后，微博情感分类结果的微平均 F1 和宏平均 F1 都有一定程度的提升。由此可见，在基于词簇特征的微博情感语义表征中，词语的词簇代表能力和词簇的类别区分能力对于词簇特征权重的计算是有效的。进一步观察引入词簇的类别区分能力后的结果，可以发现微博情感分类结果的微平均 F1 和宏平均 F1 在达到峰值后趋于平稳。这说明词簇的类别区分能力具有一定的抗噪效果，在词簇特征权重计算中引入类别区分能力能够提高微博情感分类的稳定性。

第6章　基于元学习策略的微博情感类别判定方法

对学习者的微博进行合理的情感语义表征后，还需要使用一定的情感分类算法来判定微博中表达的情感类别，才能实现学习者情感建模。情感分类算法的有效性直接决定着学习者情感建模的准确性，因此，本章将在上一章的基础上，重点研究学习者微博的情感分类算法。

在统计机器学习中，研究者已经提出了许多有效的分类算法，如K-近邻、朴素贝叶斯、支持向量机、最大熵等。这些算法在传统的文本主题分类中已取得了较好的效果，在评论文本的情感分析中也得到了广泛的应用。但是，在文本情感分类中，这些分类算法表现出的效果却并不理想，即使处理的是一些语法比较规范的文本，如新闻标题、童话故事等①。因为情感具有复杂性和模糊性，所以文本情感分类比文本主题分类更具难度。而且，微博具有内容简短、主题发散、语法不规范、口语色彩浓厚等特点，这更是加大了微博情感分类的难度，对传统的分类算法提出了新的挑战。

弱学习定理指出，通过组合多个弱分类器可以得到一个分类精度较高的

---

① Alm C O, Roth D, Sproat R. Emotions from text: Machine learning for text-based emotion prediction[C]. Proceeding of HLT/EMNLP, 2005: 579-586. Alm C O. Affect in text and speech[D]. University of Illinois at Urbana-Champaign, 2008. Aman S, Szpakowicz S. Identifying expressions of emotion in text[C]. Text, Speech and Dialogue, Lecture Notes in Computer Science, 2007, 4629: 196-205. Aman S, Szpakowicz S. Using Roget's Thesaurus for fine-grained emotion recognition[C]. Proceeding of the International Joint Conference on Natural Language Processing, 2008: 296-302.

强分类器，该理论促进了集成学习相关问题的研究[①]。集成学习就是从训练样本中学习得到多个分类器，然后将多个分类器的结果有效地融合得到一个新的结果，这个融合结果将取代各个基分类器的结果作为最终的分类结果。由于每个基分类器的误识集合并不一定相同，因此它们之间具有一定的互补功能，从而能够在一定程度上减少分类误差，提高分类的准确性[②]。

在集成学习中，分类器的融合主要有两种方式：固定的融合方法（Fixed Rules）和可训练的融合方法（Trained Rules）。固定的融合方法简单，易于实现；可训练的融合方法需要在基分类器的结果上进行二次学习，但往往可以获得更好的分类效果。元学习是一种典型的可训练的融合方法，它以基分类器的结果作为中间特征再学习获得一个元分类器，从而实现多个分类器的融合[③]。在数据挖掘和文本主题分类中，大量的研究已经证明了元学习是一种非常有效的集成学习方法[④]。在评论文本情感分析中，一些研究者也尝试使用元学习方法来提高情感分析的精度，并取得了一定的成效。

据此，本研究采用了元学习策略来实现微博情感类别判定，以提高学习者微博情感建模的准确性。在微博情感语义表征的基础上，该方法主要包括三个步骤：基情感分类器的训练、元情感分类器的训练和微博的情感类别判定。

6.1 集成学习与情感分析

6.1.1 集成学习方法概述

集成学习（Ensemble Learning）方法又称为多分类器组合分类方法，

---

① 付忠良，赵向辉.分类器动态组合及基于分类器组合的集成学习算法[J].四川大学学报（工程科学版），2011，43(2)：58-65.

② 杨利英，覃征，胡广伍，等.元学习策略及性能评价[J].西安交通大学学报，2005，39(6)：570-573.

③ 王浩畅，赵铁军，郑德权，等.基于元学习策略的分类器融合方法及应用[J].通信学报，2007，28(10)：7-13.

④ 杨利英，覃征，胡广伍，等.元学习策略及性能评价[J].西安交通大学学报，2005，39(6)：570-573.王浩畅，赵铁军，郑德权，等.基于元学习策略的分类器融合方法及应用[J].通信学报，2007，28(10)：7-13.

就是从训练样本中学习得到多个分类器，然后将这些分类器的结果进行有机组合从而得到最终的分类结果，以获得比单个分类器更好的效果。由于不同的分类器可能具有不同的识别结果，所以集成学习能够在一定程度上抵消各个分类器之间的误差，从整体上提高分类的准确性[①]。集成学习方法的理论基础是弱学习理论，基分类器的训练和组合是集成学习的两个重要问题。

在集成学习方法中，产生基分类器的方式通常有三种[②]：一是从不同的训练样本中学习得到多个不同的基分类器。著名的 Bagging 算法就是通过对训练集进行有放回的抽样，从而为每一个基分类器构造一个数量相同但样本不同的训练集。二是从不同的特征集中学习得到多个不同的基分类器。一种简单的实现方法就是为每个基分类器从输入特征集中随机抽取数量相同的特征子集进行训练。三是通过不同的分类算法学习得到多个不同的分类器。不同的分类算法往往基于不同的假设，使用不同的统计模型，得到的分类结果也不尽相同。因此，可以在同一个训练集和相同的特征空间下使用不同的分类算法来获得不同的基分类器。

获得多个不同的基分类器后，集成学习方法还需要使用一定的融合方法将多个基分类器的结果进行有效的融合。基分类器的融合方法非常多，总体上通常可以分为两类：固定的融合方法和可训练的融合方法[③]。

固定的融合方法是按照某种固定的规则将多个基分类器的结果进行融合，常见的融合规则有投票规则、加法规则、乘法规则和最大值规则等。假设有 M 个基分类器，N 个类别，第 i 个基分类器预测某个测试样本属于类别 j 的概率为 p_{ij}，则投票规则、加法规则、乘法规则和最大值规则可以分别表示为公式（6-1）、（6-2）、（6-3）和（6-4）。

投票规则：
$$j = \underset{j}{\operatorname{argmax}}\left(\sum_{i=1}^{M} v_{ij}\right) \tag{6-1}$$

① Thomas G. Dietterich. Ensemble methods in machine learning[C]. Proceedings of the First International Workshop on Multiple Classifier Systems, 2000: 1-15.

② Dong Y, Han K. A comparison of several ensemble methods for text categorization[C]. Proceeding of the 2004 IEEE International Conference on Services Computing (SCC), 2004: 419-422.

③ 李寿山，黄居仁.基于 Stacking 组合分类方法的中文情感分类研究[J].中文信息学报，2010，24(5)：56-61.

其中 $v_{ij}=\begin{cases}1, & \underset{i}{\operatorname{argmax}}\ (p_{ij})=j\\0, & \underset{i}{\operatorname{argmax}}\ (p_{ij})\neq j\end{cases}$

加法规则：$$j=\underset{j}{\operatorname{argmax}}\left(\sum_{i=1}^{M}p_{ij}\right)\tag{6-2}$$

乘法规则：$$j=\underset{j}{\operatorname{argmax}}\left(\prod_{i=1}^{M}p_{ij}\right)\tag{6-3}$$

最大值规则：$$j=\underset{j}{\operatorname{argmax}}\ \left(\max_{i=1}^{M}\ (p_{ij})\right)\tag{6-4}$$

可训练的融合方法则是在多个基分类器的输出结果基础上进行再学习，从而获得最终的分类结果。可训练的融合方法又可以进一步分为加权融合方法和元学习融合方法。

在固定的融合方法中，每个基分类器被认为是相互平等的，它们的分类能力没有差别，但是这种假设并不总是合理的，就像在实际生活中我们听取多个人的意见时总会觉得某些人的意见更为可信一样。

加权融合方法就是给每一个基分类器分配一个权值来代表它的分类能力，这个权值一般是通过最小化代价函数来学习得到的。

元学习融合方法是将基分类器输出的分类结果作为中间特征，然后使用这些特征作为某个分类算法的输入再一次学习得到一个分类器，这个第二层的分类器叫作元分类器。相对于固定的融合方法和加权融合方法，元学习融合方法的一个最大特点是：测试样本属于某一类别的概率不仅与基分类器预测其属于该类别的概率有关，还与基分类器预测其属于其他类别的概率有关。即使某个样本被所有的基分类器分类错误，元分类器也有可能将其分配到正确的类别中。因此，应该说基于元学习策略的集成学习方法是一种更有效的分类方法。

6.1.2 基于集成学习的情感分析

集成学习在许多领域已被证明是一种有效的分类算法。在传统的文本主题分类中，许多研究者已通过集成学习方法来提高分类的准确率。Larkey等人的研究早已证明，在文本分类中组合使用多种分类算法能够比使用任意单个分类算法获得更高的准确率[①]。Dong 等人针对文本分类任务对比了六种不同的集成学习方法，同样验证了集成学习方法的有效性[②]。尽管如此，在文本情感分析中集成学习直到近年来才得到研究者的逐渐关注。

李寿山等人通过词性从训练集中选择出多个不同的特征集，学习得到多个不同的基情感分类器，然后从中挑选出准确率最高的前 N 个基情感分类器，使用一些典型的固定融合规则对其分类结果进行融合[③]。实验结果表明，采用各种固定融合方法后得到的情感分类结果都优于每个基情感分类器的结果，而且采用加法规则进行融合后的结果是最好的。此后，他们又使用四种不同的分类算法训练得到多个不同的基情感分类器，并使用叠加归纳的元学习策略将多个不同的基分类器的结果进行融合[④]。实验结果表明，在不同的领域和特征集中，基于元学习策略的集成学习方法比所有基分类器的最好结果还要高出一个百分点，而且基于元学习策略的集成学习方法比基于固定融合规则的集成学习方法效果要好。

夏瑞等人深入对比了不同集成学习方法对文本情感分析的效果[⑤]。他们首先设计了两种不同的特征集：基于词性的特征集和基于词语关系的特征集。为了分析基于特征的集成学习方法在文本情感分析中的效果，他们将每种特征集各分为三组来训练不同的基情感分类器。为了分析基于分类算法的集成学习方法在文本情感分析中的效果，他们使用了三种著名的分类算法来训练不同的基情感分类器。在基情感分类器的融合过程中，他们分别使用了多种融合方法，并对比了三种融合策略对于情感分析的有效性。实验结果表明，集成学习方法能够有效地融合多种情感分类特征和情感分类算法，提高

---

① Larkey L, Croft W. Combining classifiers in text categorization[C]//Proceeding of ACM SIGIR Conference, ACM, 1996: 289-297.

② Dong Y, Han K. A comparison of several ensemble methods for text categorization[C]. Proceeding of the 2004 IEEE International Conference on Services Computing (SCC), 2004: 419-422.

③ Li S, Zong C, Wang X. Sentiment classification through combining classifiers with multiple feature sets[C]. Proceeding of the 2007 IEEE International Conference on Natural Language Processing and Knowledge Engineering, 2007: 135-140.

④ 李寿山，黄居仁.基于 Stacking 组合分类方法的中文情感分类研究[J].中文信息学报，2010，24(5): 56-61.

⑤ Xia R Zong C, Li S. Ensemble of feature sets and classification algorithms for sentiment classification[J]. Information Sciences, 2011(181): 1138-1152.

文本情感分析的效果。在此基础之上，他们还将集成学习方法拓展到跨领域情感分析研究中，使用不同的词性特征学习得到多个基情感分类器，然后使用加权融合的方法对基分类器的结果进行融合①。实验结果表明，相对于其对同领域情感分析的效果，集成学习方法对跨领域情感分析的效果更强。

此外，Whitehead 等人、Ying Su 等人和高伟等人对基于集成学习的情感分析也进行了一定的研究。Whitehead 等人使用支持向量机分类算法训练基分类器，研究了四种常见的集成学习方法在文本情感分析中的效果②。实验结果表明，随机特征子空间方法能够提高文本情感分析的准确率，封袋随机特征子空间方法获得的准确率最高。Ying Su 等人分析了不同机器学习算法在文本情感分析中的差异性，提出了一个基于分类算法的叠加集成学习框架，并将其与传统的投票策略进行了比较③。实验结果证明，叠加集成学习框架对所有领域的情感分析都是有效的，而且比传统投票策略取得了更好的结果。高伟等人为了提高情感分析的准确性，提出了一种基于一致性标签的集成方法，用于融合两种主流的半监督情感分类方法④。实验结果表明，该方法能够有效降低对未标注样本的误标注率，从而获得比任意一种半监督方法都更好的分类效果。

从集成学习在情感分析中的研究现状可以看出，集成学习方法不仅在同领域情感分析中表现出了比较出色的效果，而且在跨领域情感分析中也显示出了更强的优越性。然而，现有的相关研究都是针对评论性文本的情感分析，本研究与这些研究至少存在两方面的差异：一是本研究处理的对象是内容更加简短、语法更加松散的微博；二是本研究要识别的情感是反映主体心情感受的细粒度情绪，而不是反映主体对某一外在事件或对象的态度观点。

---

① Xia R & Zong C.A POS-based ensemble model for cross-domain sentiment classification[C]. Proceedings of the 5th International Joint Conference on Natural Language Processing, Chiang Mai, Thailand, 2011:614-622.

② Whitehead M, Yaeger L. Sentiment mining using ensemble classification models [C]. Innovations and Advances in Computer Sciences and Engineering, 2010:509-514.

③ Su Y, Zhang Y, Ji D, et al. Ensemble learning for sentiment classification[C]. Chinese Lexical Semantics, Lecture Notes in Computer Science, 2013, 7717:84-93.

④ 高伟，王中卿，李寿山.基于集成学习的半监督情感分类方法研究[J].中文信息学报，2013，27(3):120-126.

6.2 三种经典的分类算法概述

基于元学习的集成分类方法需要训练两种分类器：基分类器和元分类器。这两种分类器的训练都需要使用一定的分类算法。在机器学习领域中，研究者已提出了许多优秀的分类算法，如 K 近邻、决策树、朴素贝叶斯、贝叶斯网络、支持向量机等，这些分类算法在文本情感分类中也已得到广泛的应用。考虑到现有的分类算法已非常多，而且采用不同分类算法训练出的基分类器差异性也比较大，因此，在基于元学习的微博情感分类方法中，我们采用了不同分类算法来训练基分类器。具体来说，我们选择了朴素贝叶斯、最大熵和支持向量机三种分类算法来训练基情感分类器，因为这三种算法不仅在文本情感分析中应用非常广泛，而且它们的原理存在较大的差异，训练出的基分类器互补性可能会更好。下面我们将对这三种算法进行简要介绍。

6.2.1 朴素贝叶斯分类算法

朴素贝叶斯（Naïve Bayes，NB）是一个基于概率统计理论的分类模型，在许多分类问题中都得到了广泛的应用。假设有 m 个预定义的类别（C_1，C_2，…，C_m），对于一个给定的未知样本 X，朴素贝叶斯分类模型将其分配给具有最大后验概率的类别 C^*，即：

$$C^* = \underset{i}{\operatorname{argmax}} \left(P\left(C_i \mid X \right) \right) \tag{6-5}$$

在计算样本的后验概率时，朴素贝叶斯分类模型基于贝叶斯定理和属性的类条件独立性假设。贝叶斯定理提供了一种通过先验概率来计算后验概率的方法。属性的类条件独立性假设是指在给定类别的条件下，样本的各属性之间相互独立，互不影响。

假设一个样本 X 有 n 个属性（A_1，A_2，…，A_n），根据贝叶斯定理和属性的类条件独立性假设，朴素贝叶斯分类模型可进一步表示为：

$$C^* = \underset{i}{\operatorname{argmax}}(P(C_i)\prod_{j=1}^{n} P(A_j \mid C_i)) \tag{6-6}$$

在文本分类中，一个文档被认为由多个不同的特征词语组成，一个特征词语被看作是文档的一个属性。假设有 m 个类别（c_1，c_2，…，c_m），一个文档 d 表示为（w_1：f_1，w_2：f_2，…，w_n：f_n），其中 w_i 为特征词语，f_i 为 w_i 在文档 d 中的频率，则文档 d 所属的类别 c^* 为：

$$c^* = \underset{i}{\operatorname{argmax}}(P(c_i)\prod_{j=1}^{n}P(w_j \mid c_i)) \tag{6-7}$$

其中，$P(c_i)$ 和 $P(w_j|c_i)$ 可以通过最大似然估计的方法从训练语料中估算得到。$P(c_i)$ 为训练集中属于类别 c_i 的样本数量 n_i 除以样本总数 N，即 $P(c_i)=n_i/N$。$P(w_j|c_i)$ 有两种不同的估算方法，对应了两种不同的朴素贝叶斯分类模型：多变量贝努里事件模型和多项式事件模型。

多项式事件模型在文本分类中得到了广泛的应用。假设 $P(t_j|c_i)$ 表示特征词语 w_j 出现在类别 c_i 中的概率，多项式事件模型在估计 $P(w_j|c_i)$ 和 $P(t_j|c_i)$ 时需要考虑特征词语 w_j 在文档中出现的频率，具体的估算方法为：

$$P(w_j|c_i)=P\ (t_j|c_i)^{f_j} \tag{6-8}$$

$$P(t_j \mid c_i) = \frac{1+freq(i,j)}{n+\sum_{j=1}^{n}freq(i,j)} \tag{6-9}$$

其中，f_j 表示特征词语 w_j 在文档 d 中出现的频率，$freq(i,j)$ 表示特征词语 w_j 出现在训练集中属于类别 c_i 的文档中的频率。为了避免 $P(w_j|c_i)=0$，在估计 $P(t_j|c_i)$ 时常使用拉普拉斯平滑方法。

6.2.2　最大熵分类算法

最大熵（Maximum Entropy，ME）分类算法也是通过估算给定样本的类别概率来实现分类的。但是，在估算给定样本的类别概率时，最大熵分类算法是基于最大熵模型。最大熵模型的基本思想是拟合所有已知的事实，而保持对未知事件的未知状态。也就是说，要找到这样一个概率分布，它满足所有已知的事实，且使未知事件的分布尽可能均匀[①]。

根据信息熵的概念，最大熵模型就是要找到一种概率分布，满足所有已

① 李荣陆，王建会，陈晓云，等.使用最大熵模型进行中文文本分类[J].计算机研究与发展，2005，42(1)：94-101.

知事实且使得信息熵最大。对于文本分类来说，最大熵分类算法就是要寻找一种文档的类别概率分布 $P(c_i|d)$，它在满足一定约束的条件下，使得类别概率对应的信息熵取最大值：

$$H=-\sum_{i=1}^{n}P(c_i \mid d)\log P(c_i \mid d) \tag{6-10}$$

这里的约束条件就是指训练集中所有已知的事实，通常使用特征函数来表示。在文本分类中，通常使用“词语—类别”对作为一个文档的特征，特征函数一般是一个二值函数。对词语 w 和类别 c' 这一特征，它在某一文档 d 中的特征函数定义如下所示：

$$f_{w,c'}(c,d)=\begin{cases}1, if(c'=c \wedge w \in d)\\0, otherwise\end{cases} \tag{6-11}$$

其中，c 是训练集中文档 d 所属的类别。

要使得训练集中这些已知的事实均得到满足，最大熵模型要求每一个训练样本的所有特征函数相对于经验概率分布的期望值与相对于模型概率分布的期望值相等，即：

$$\sum_{w,c'}\widetilde{P}(w,c')f_{w,c'}(c,d)=\sum_{w,c'}\widetilde{P}(w)P(c' \mid w)f_{w,c'}(c,d) \tag{6-12}$$

其中，$\widetilde{P}(w,c')$表示从训练集中观察到的词语 w 与类别c'联合出现的经验概率分布，$P(c'|w)$表示真实模型中词语 w 出现时文档 d 属于类别 c'的概率分布。

此时，估计真实模型中条件概率的问题变成了一个满足一组约束条件的最优化问题。求解这个最优化问题的典型方法是拉格朗日乘子算法。假设每个特征的拉格朗日乘子为 λ_i，则预测某一词语 w 出现的条件下，文档 d 属于某一类别 c_i的条件概率 $P(c_i|w)$为：

$$P(c_i \mid w)=\frac{1}{Z(w)}\exp(\sum_{i}\lambda_i f_{w,c_i}(c,d)) \tag{6-13}$$

其中，$Z(w)$为归一化因子，$f_{w,c_i}(c,d)$是特征函数。

6.2.3 支持向量机分类算法

支持向量机（Support Vector Machine，SVM）是一种基于向量空间的分类算法，其目标就是要在向量空间中寻找一个超平面作为决策边界，这个超平面能够“最好”地将两个类别的样本分隔开来。假设在一个二维空间中有两个类别的样本，往往存在很多条直线都能够将这两类样本完全分开，都可以作为决策边界。但是，支持向量机的目标是要找到一条最优的直线，使得它到训练集中的任意样本尽量地远。如果定义从决策面到最近样本的距离为分类间隔，则支持向量机就是要寻找那个具有最大分类间隔的超平面。

下面我们将使用形式化的方式对支持向量机进行描述。假设在一个多维空间中，有 n 个样本 x_i，其所属的类别表示为 y_i，x_i 是一个多维向量，$y_i=\{-1,1\}, i=1,2,\cdots,n$。如果将最优超平面表示为 $g(x)=w^T x+b$，则为了将两类样本正确分隔开来，$g(x)$ 必须满足条件：

$$y_i[(w^T x_i)+b]-1\geqslant 0 \tag{6-14}$$

为了使得该超平面到任意样本尽量远，即最大化分类间隔，$g(x)$ 还应该使 $\frac{1}{2}w^T w$ 尽量小，即。

$$min\ \frac{1}{2}w^T w$$

现在，寻找最优超平面被转化为一个条件最优化问题，可以采用拉格朗日乘子方法对其进行求解。在求解过程中，如果一个训练样本对应的拉格朗日乘子 $\alpha_i>0$，则称该训练样本为支持向量。只有支持向量对最优超平面的求解起作用。最后得到最优超平面为：

$$g(x)=\sum_{i=1}^{N}\alpha_i y_i(\tilde{x}_i x)+b \tag{6-15}$$

其中，$\tilde{x}_i$ 表示训练样本中的一个支持向量，N 是训练样本中支持向量的数量，α_i 是支持向量 $\tilde{x}_i$ 对应的拉格朗日乘子。

公式（6-15）中的（$\tilde{x}_i x$）是两个向量之间的内积，表明了在高维空间中两个向量之间的相似度。如果一个分类问题在原始的向量空间中是线性不可分的，那么还需要使用一定的核函数来计算向量之间的相似度。核函数的基本作用是将两个低维空间的向量变换到高维空间，然后使用向量内积计算其相似度。常用的核函数有多项式函数、径向基函数、sigmoid 函数等，不同的核函数对分类结果也具有一定的影响。

6.3 基于元学习的微博情感类别判定

基于元学习策略的微博情感分类方法使用不同的分类算法训练得到多个基情感分类器，然后采用元学习策略来融合多个基情感分类器的预测结果。下面将对该方法进行详细描述，包括基情感分类器的产生方法、元情感分类器的学习策略和微博的情感类别判定。

6.3.1 基情感分类器的产生方法

在集成学习方法中，分类器融合的结果是否有效取决于基分类器的性能和独立性。基分类器的性能就是要求其具有较低的错误率，至少要比随机预测的效果要好；基分类器的独立性是指其产生的错误相互独立，这样基分类器之间的结果才能互补以提高分类性能。

虽然在集成学习中基分类器的产生有多种方式，但是，本研究使用不同的分类算法来学习得到多个不同的基情感分类器。选择这种方式来产生基分类器的主要原因有两个：一是本研究使用词簇特征来表征微博的情感语义，特征数量较少，如果使用不同的特征子集来训练基情感分类器，基情感分类器效果会较差；二是目前已经有很多优秀的分类算法，这些算法基于不同的假设和统计模型，能够从训练样本中学习得到不同的基情感分类器。

本研究分别使用上面介绍的三种分类算法（NB、ME 和 SVM）来产生三个不同的基情感分类器。基情感分类器的训练过程如图 6-1 所示。

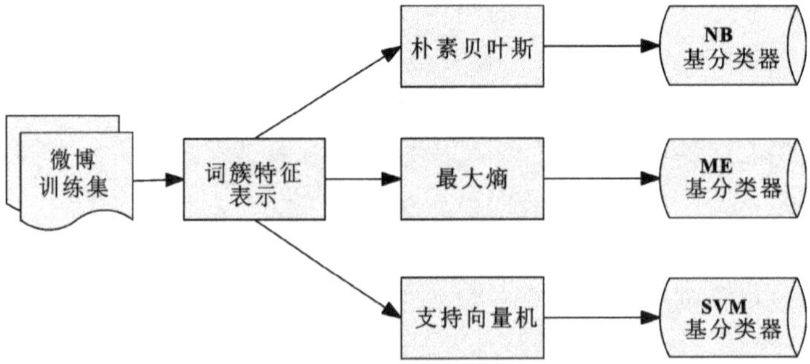

图 6-1　基情感分类器的训练过程

首先，以词簇为特征项，将微博训练集中的每个样本表示为一个多维度向量，具体的实现过程参考第五章第二节基于词聚类的微博情感语义描述。根据第五章的实验结果，在基情感分类器的训练过程中，我们将词簇特征的数目设置为150，将每个词簇特征的权重定义为其组成词语的频次权重之和。然后，分别使用朴素贝叶斯、最大熵和支持向量机三种分类算法在整个训练集上学习得到三个基情感分类器，并要求所有的基情感分类器具有统一的输出形式。基情感分类器的输出结果一般有两种形式：布尔形式和分值形式。一般来说，分值形式的输出结果包含更为丰富的信息，因此，基情感分类器的判定结果都以后验概率的形式输出。

6.3.2 基于叠加策略的元情感分类器训练

使用不同的分类算法获得多个基情感分类器后，还需要使用一定的融合方法来融合多个基情感分类器的结果，从而得到最终的情感分类结果。多分类器融合方法主要有固定规则的融合方法和可训练的融合方法。元学习是当前流行的一种可训练的融合方法，它是在基分类器的结果上进行再次学习或多次学习从而得到最终结果。

元学习的融合方法以多个基分类器的输出结果作为中间特征（又称元特征），然后使用一定的分类算法从训练样本的元特征向量中学习得到一个元分类器，这个元分类器就具有融合多个基分类器输出结果的功能。元学习通常有两种实现策略：叠加策略和级联策略①。叠加策略是将所有基分类器的输出结果一并加入特征向量中来获得最终的元分类器，级联策略是将基分类器的输出结果依次加入特征向量中来获得最终的元分类器。

在学习者微博情感分类中，使用基于叠加策略的元学习方法来训练元情感分类器，实现对基情感分类器输出结果的有效融合。元情感分类器的训练主要包括两个过程：首先将原始训练集使用不同的基分类器转化为元训练集，然后使用一定的分类算法（又称元学习算法）从元训练集中学习得到元情感分类器。基本过程如图 6-2 所示。

---

① 王浩畅，赵铁军，郑德权，等.基于元学习策略的分类器融合方法及应用[J].通信学报，2007，28(10)：7-13.

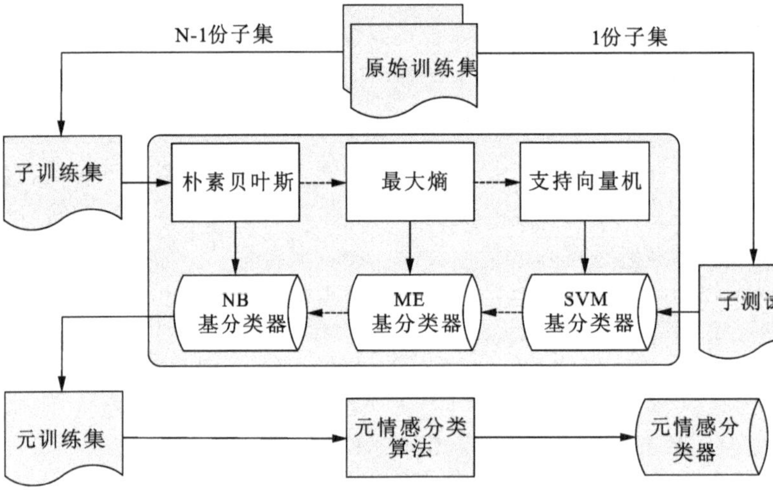

图 6-2　元情感分类器的训练过程

给定一个已标注类别的数据集 $D=\{(x_i, y_i) \mid 1\leqslant i\leqslant M\}$，获得元训练集的基本过程为：（1）随机将数据集分成大小基本相等的 N 份，选取其中一份为测试集，其余 N-1 份为训练集；（2）分别使用朴素贝叶斯、最大熵和支持向量机从训练集中学习得到三个不同的基情感分类器；（3）使用三个基情感分类器对测试集中每个样本进行情感类别预测，得到测试集中每个样本的元特征向量；（4）重复前面的三个过程，依次获得其余样本的元特征向量形成元训练集。由此得出，使用交叉验证方式获得的元训练集与原始训练集具有的样本数目是一样的。

一个样本的元特征向量就是将每个基分类器对该样本的预测结果映射为一个特征向量，作为元学习算法的输入。假设有 L 个预定义的类别 C_l（$l=1, 2, \cdots, L$），K 个不同的基分类器 M_k（$k=1, 2, \cdots, K$），现有一个样本实例 x，则它的元特征向量可以表示为：

$$x'=[o_{11}, \cdots, o_{1L}, \cdots, o_{k1}, \cdots, o_{kL}, \cdots, o_{K1}, \cdots, o_{KL}] \tag{6-16}$$

其中 o_{kl} 表示第 k 个基分类器预测样本 x 属于类别 C_l 的后验概率。

获得元训练集后，几乎所有的分类算法都可以作为元学习算法，从元训练集中学习到一个元情感分类器。在后面的实验中，本研究分别使用了支持向量机和最大熵作为元学习算法来训练元情感分类器。

6.3.3 微博情感类别的判定过程

在基情感分类器和元情感分类器的基础上，判定一个微博样本的情感类别的过程主要包括三个步骤，如图 6-3 所示。首先，依次使用每个基情感分类器判定新微博样本的情感类别，并利用基情感分类器的输出结果构建新微博样本的元特征向量；然后，以元特征向量为输入，使用元情感分类器进一步判定元特征向量的情感类别；最后，将元情感分类器的输出结果作为最终的分类结果。

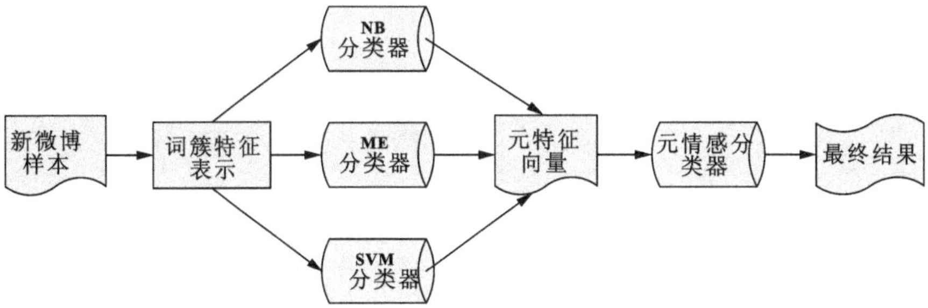

图 6-3　微博情感类别的判定过程

在微博情感类别判定过程中使用的基情感分类器，并不是元情感分类器训练过程所产生的基情感分类器。在情感类别判定过程中使用的基情感分类器是在整个训练集上学习得到的，它的目标是判定一个新微博样本的情感类别并形成其对应的元特征向量。在元情感分类器的训练过程中使用的基情感分类器，是通过在整个训练集上进行 N 折交叉验证的方式产生的，其目标是依次将训练集中的每个样本转化为对应的元特征向量，最终形成元训练集以用于训练元情感分类器。

从基于元学习的微博情感分类过程可以看出，元情感分类器是从基情感分类器的输出结果中进行再次学习得到的，元情感分类器对某一样本的元特征向量的类别判定结果可以与任何基情感分类器的判定结果不同。因此，即使所有基分类器预测错误，元情感分类器也可能获得正确的结果。这一点对微博情感分类特别重要，由于每个基情感分类器的效果并不是非常理想，因此很有可能出现所有基情感分类器的判定结果都是错误的情况。在这种情况下，使用元学习的融合方法依然可能获得正确的情感判定结果。

6.4 实验与结果分析

为了检验基于元学习的微博情感分类方法的效果，本章在实验部分设计了两组对比实验：第一组实验对比了基于元学习的集成学习方法和单个分类算法在微博情感分类中的效果，第二组实验对比了基于元学习的融合方法和基于固定规则的融合方法在微博情感分类中的效果。

6.4.1 实验设置与评价指标

在本章的实验中，使用的测试数据依然是从第四章“北航微博数据集”中选择的13700条情感性微博，每条微博都标注了情感类别。在评价微博情感分类方法的性能时，依然使用微平均F1和宏平均F1两个指标。这两个指标的值越大，说明微博情感分类的结果越准确。测试数据和评价指标的详细信息见第五章的实验部分。

在算法实现方面，本研究主要使用了MALLET工具包①和LIBSVM工具包②。MALLET是一个专门面向文本信息处理的工具包，其功能包括统计自然语言处理、文本分类/聚类、主题建模和信息抽取等。LIBSVM是一个基于SVM实现分类、回归和概率估计的集成软件包，在上一章的实验中已经使用过。在实验过程中，NB和ME分类算法的实现采用了MALLET工具包，SVM分类算法的实现采用了LIBSVM工具包。在使用这些工具的过程中，除了在产生样本的元特征向量时需要以概率形式输出分类结果，其余情况下所有参数都设置为默认值。在元情感分类器的训练过程中，元训练集是采用5折交叉验证的方式产生的。

在以上实验设置的基础上，本章所有实验均在一台联想G470笔记本电

① McCallum K A. MALLET: A Machine Learning for Language Toolkit. [EB/OL] http://mallet.cs.umass.edu.2002.

② Chang C, Lin C. LIBSVM: A Library for Support Vector Machines[J]. ACM Transactions on Intelligent Systems and Technology, 2011, 2: 1-27.

脑上完成，其基本的软硬件配置为：Intel（R）Core（TM）i3-2350M CPU @2.30GHz；4.00 GB（2.95 GB可用）；Windows 7旗舰版 Service Pack 1；Matlab R2010b。

6.4.2 元情感分类器与基情感分类器的性能比较

为了检验基于元学习的微博情感分类方法的有效性，本实验分别选择朴素贝叶斯（NB）、最大熵（ME）和支持向量机（SVM）三种分类效果较好的算法作为对比算法，进行微博情感分类对比实验。

实验的具体过程为：(1) 将微博情感分类语料库按照1∶4的比例随机分为两份，样本较少的一份作为测试集，样本较多的一份作为训练集；(2) 按照第五章提出的基于词聚类的情感语义表征方法将训练样本和测试样本都表示为词簇特征向量；(3) 分别单独使用NB、ME和SVM在训练集上学习得到三个基情感分类器，判定测试样本的情感类别；(4) 使用NB、ME和SVM获得元训练集，分别以ME或SVM作为元学习算法训练元情感分类器；(5) 使用获得的基情感分类器和元情感分类器预测测试样本的情感类别。最后得到的实验结果如表6-1所示。

表6-1 元情感分类器与基情感分类器的分类结果比较

评测指标	基情感分类器			元情感分类器	
	NB	SVM	ME	SVM	ME
Micro-F1	58.74	59.91	60.28	61.35	61.24
Macro-F1	53.73	52.39	52.92	54.63	54.84

从表6-1中的实验结果可以看出，相对于使用单个分类算法学习得到的基情感分类器，元情感分类器的微平均F1值和宏平均F1值比任意的基情感分类器的结果都要高。这一结果表明，使用基于元学习的集成学习方法能够提高微博情感分类的准确性。

6.4.3 基情感分类器融合策略的比较分析

在集成学习中，融合基分类器预测结果的方法有很多种，本研究使用了元学习方法来融合多个基情感分类器的预测结果。为了进一步检验基于元学习的融合方法在微博情感分类中的优越性，本实验将基于元学习的融合方法和常见的基于固定规则的融合方法进行了对比。实验过程中，选择投票规则（Vote）、加法规则（Sum）、乘法规则（Product）和最大值规则（Max）作为对比算法，进行微博情感分类实验。

实验的具体过程为：（1）使用与上一实验相同的步骤学习得到三个基情感分类器，判定测试样本的情感类别；（2）分别使用 Vote、Sum、Product 和 Max 规则融合基情感分类器的输出结果；（3）使用 NB、ME 和 SVM 获得元训练集，分别以 ME 和 SVM 作为元学习算法训练元情感分类器；（4）使用获得的基情感分类器和元情感分类器判定测试样本的情感类别。最后得到的实验结果如表 6-2 所示。

表 6-2　不同的基情感分类器融合方法的性能比较

评测指标	固定规则的融合方法				元学习的融合方法	
	Vote	Sum	Max	Product	SVM	ME
Micro-F1	60.67	60.68	60.09	60.72	61.35	61.24
Macro-F1	53.85	54.51	53.88	54.54	54.63	54.84

对比表 6-2 和 6-1 中的实验结果可以看出：（1）在微博情感分类中，相对于使用单个分类算法，使用任意集成学习方法获得的微平均 F1 值和宏平均 F1 值都略微有所提高，宏平均 F1 值的上升幅度更为明显；（2）在所有的基于集成学习的微博情感分类方法中，使用基于元学习的基分类器融合方法比所有基于固定规则的基分类器融合方法获得了更高的微平均 F1 值和宏平均 F1 值。这些结果说明，在微博情感分类中，使用集成学习方法比使用单个分类算法能够获得更好的结果。而且，使用基于元学习的融合方法比使用固定规则的融合方法效果更好。

为了深入分析基于元学习的融合方法是如何提高微博情感分类效果的，我们还进一步对比了最优基情感分类器和最优元情感分类器的实验结果，如表 6-3 所示。

表 6-3 最优基情感分类器和最优元情感分类器的结果

情感类别	最优基情感分类器			最优元情感分类器		
	Precision	Recall	F_1	Precision	Recall	F_1
生气	51.68	35.76	42.27	52.97	39.84	45.48
高兴	64.79	85.12	73.58	65.79	84.39	73.94
悲伤	52.25	36.43	42.93	53.82	38.82	45.11

从表 6-3 中的实验结果可以看出，基于元学习的微博情感分类方法在三种情感类别上都获得了更高的 F_1 值，“生气”和“悲伤”的 F_1 值提升了大约 3%，“高兴”的 F_1 值变化不大。这一结果说明，该方法从整体上提升了所有情感的识别效果，尤其提升了“生气”和“悲伤”两种情感的识别效果。进一步分析三种情感类别的准确率和召回率可以看出，“高兴”的召回率较“生气”和“悲伤”的召回率高出很多，这主要是由微博情感分类语料库中样本分布不均匀造成的。但是，基于元学习的微博情感分类方法却提升了“生气”和“悲伤”两种情感的召回率，而使“高兴”的召回率有所下降。因此，基于元学习的微博情感分类方法主要提升了样本较少的情感类别的识别效果，尤其提升了它们的召回率。

第7章　基于学习者情感的个性化学习支持服务

建构学习者情感模型的最终目标是为学习者提供更合适的学习支持服务。在前面几章，我们提出了一种基于微博分析的学习者学前情感建模方法，并对其中的几项关键技术进行了深入研究，基本实现了对学习者学前情感的建模。在这一章，我们将继续探讨基于微博分析建构的学习者学前情感模型如何使用，以提供更恰切的学习支持服务。

在前面我们已经指出，目前能够为学习者提供个性化学习支持服务的平台主要有两类：智能教学系统和适应性学习系统①。虽然这两类个性化学习支持系统的功能表现不同，但二者都是依据学习者模型来为学习者提供个性化的学习支持服务。因此，学习者情感模型作为学习者模型中的一个组成部分，应该说在这两类个性化学习支持系统中都大有用武之地。但是，我们在此仅探讨如何在适应性学习系统中使用学习者情感模型，以提供更恰切的学习支持服务。

7.1　融入情感模型的适应性学习系统框架

7.1.1　传统适应性学习系统的运行机制

为了探索学习者情感模型在适应性学习系统中的应用，必须对适应性学

① 陈仕品.适应性学习支持系统的学生模型研究[D].重庆：西南大学，2009.

习系统的内部结构和运行机制进行深度剖析。在第一章中，我们已经对适应性学习系统的主要功能进行了概要描述，并通过 AHAM 和 EAHAM 两个参考模型对适应性学习系统的体系结构进行了粗略介绍。我们知道，适应性学习系统的适应性主要体现在两个方面：适应性内容呈现和适应性导航。适应性内容呈现是根据学习者的特性为学习者提供合适的学习内容和呈现形式。适应性导航是根据学习者的特性为学习者提供合适的学习路径。为了实现以上两项适应性功能，AHAM 模型认为适应性学习系统应该包括领域模型、学习者模型、适应性模型和适应性教学引擎四个核心组件。为了增强适应性学习系统的适应性，EAHAM 模型在 AHAM 模型的基础上还增加了情境模型，而且将适应性模型进一步分成了教学模型和适应性模型。但是，通过这些模型我们还不清楚这些核心组件的内部结构及其协调运行机制。如果不搞清楚这些核心组件的内在结构及其协调运行机制，就无法分析学习者情感模型是如何在其中应用的。

Karampiperis 和 Sampson 在 AHAM 模型的基础上，给出了一个更为详细的参考模型①，如图 7-1 所示。

该模型主要包括两层：存储层和运行时层。存储层包括媒体空间（Media Space）、领域知识模型（Domain Model）、学习者模型（Student Model）和适应性模型（Adaptive Model）。运行时层包括适应性规则解析器（Adaptation Rule Parser）、学习行为跟踪器（Behavior Tracker）和教育内容展示器（Educational Content Presenter）。运行时层负责与学生之间的交互，存储层负责存储支撑运行时层交互功能的各种数据。以上组件的作用详细描述如下：

（1）媒体空间。媒体空间包括两个部分：多媒体学习资源库和学习资源描述模型。多媒体学习资源库中存储了各种细粒度的多媒体学习资源，如课件、微课、试卷、练习、动画等。学习资源描述模型记录了学习资源的各项基本属性，如资源的名称、位置、大小、格式等，以及学习资源对应的知识点，以便于学习资源的查找，通常使用 SCORM、LOM 等元数据标准。

（2）领域知识模型。领域知识模型也包括两部分：学习目标层级和领域

① Karampiperis P, Sampson D. Adaptive learning resources sequencing in educational hypermedia systems[J]. Educational Technology & Society, 2005, 8 (4): 128-147.

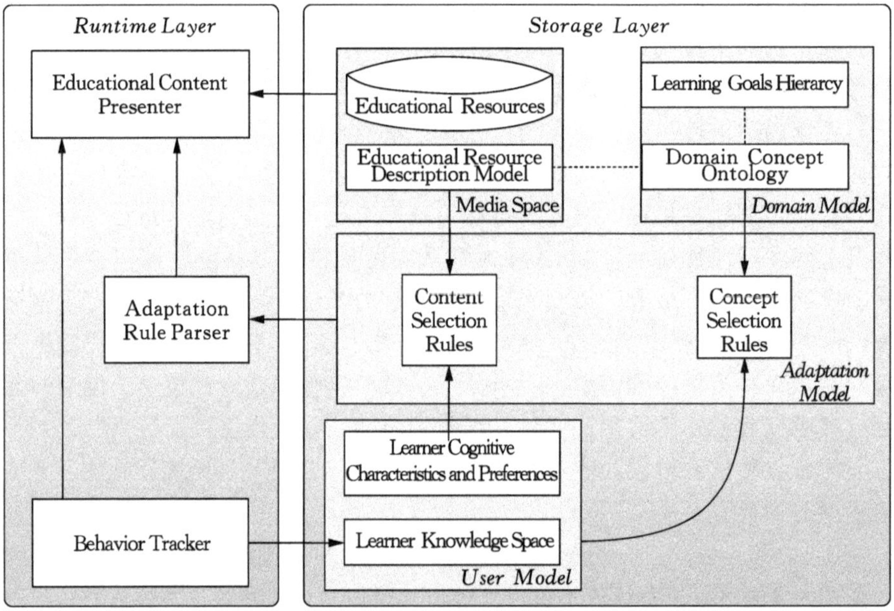

图 7-1　Karampiperis 和 Sampson 的 AEHS 通用模型

知识本体。学习目标层级是使用树状结构将学习目标逐层分解，最低层的学习目标直接与领域知识本体中的一些知识点相关联。领域知识本体是对某一领域内的知识点及其关系的一种形式化的描述。知识点之间的关系一般有包含关系、顺序关系、关联关系等。

（3）学习者模型。学习者模型负责存储学习者的知识空间、认知特征和学习偏好。知识空间记录了学习者对领域内各知识点的掌握程度，是适应性模型中概念选择的依据。认知特征存储了反应学习者认知能力的变量，学习偏好存储了学习者偏好的学习方式、时间等。认知特征和学习偏好是适应性模型中学习资源选择的重要依据。

（4）适应性模型。适应性模型存储了系统的适应性规则，是适应性策略的一种具体表现，主要包括学习内容适应规则和学习资源适应规则。学习内容适应规则定义了如何根据学习者的认知结构从领域知识本体中选择出合适的知识点；学习资源适应规则定义了如何根据学习者选择的认知特点和学习偏好，进一步从资源描述模型中选择出合适的学习资源。

（5）适应性规则解析器。适应性规则解析器负责对适应性模型中存储的规则进行解析，找出适合学习者的学习资源 ID 并传递给教育内容展示器。在适应性学习系统的实际开发过程中，一般将适应性模型中存储的适应性规则直接嵌入在规则解析器中，将其合称为适应性引擎。

（6）学习行为跟踪器。学习行为跟踪器负责记录跟踪学习者与学习系统间的交互行为，从而持续地更新学习者模型中的知识空间。一般来说，学习行为跟踪器主要是通过跟踪学习者在学习系统中提交的各种形成性评价信息来推断出学习者是否掌握了某一知识点，如果掌握了则更新学习者模型中的知识空间。除此以外，学习行为跟踪器还能记录学习者的学习历史。

（7）教育内容展示器。教育内容展示器是学习者与适应性学习系统交互的接口，它依据适应性规则解析器传递过来的学习资源 ID，从学习资源库中检索出相应的学习资源并将其呈现给学习者。教育内容展示器还负责将学习者的学习行为传递给行为跟踪器，以更新学习者模型。

7.1.2 融入情感模型的适应性学习系统框架

从以上模型可以看出，传统的适应性学习系统在学习者模型中存储的主要是学习者的知识水平、认知特点和学习偏好。在适应性学习内容的选择上主要依据的是学习者的知识水平，在适应性学习内容的呈现上主要依据的是学习者的认知特点和学习偏好。然而，正如前面第一章所述，心理学的研究早已表明，学习者经常处于不同的情感状态之下，情感会对学习者的认知过程产生重要的影响，从而影响学习者的学习效果。因此，为了向学习者提供更恰切的学习支持服务，适应性学习系统不仅要考虑学习者的知识水平、认知特点、学习偏好，还应该考虑学习者在不同时间的情感状态。

从适应性学习系统的适应性功能来说，学习者的情感对适应性学习内容的选择和适应性学习内容的呈现形式都具有一定的影响。心理学的研究早已表明，情绪对人的注意、记忆、信息加工等认知过程都存在很大的影响[①]。例如，对大多数人而言，当他/她处于高兴的状态时去处理挑战性的任务往

① Shiota M N，Kalat J W.情绪心理学[M].周仁来，等译.2 版.北京：中国轻工业出版社，2016，10：309-321.

往比会平时表现得更好，而在悲伤或生气时去处理挑战性的任务会比平时表现要差。另外，从学习资源的表现形式来说，当我们处于高兴的状态时使用以文字为主的资源进行学习往往效果更好，而当我们处于悲伤或生气的情感状态时使用视频形式的资源往往能取得更好的学习效果。因此，基于以上理论分析，我们在 Karampiperis 和 Sampson 的 AEHS 通用模型基础上，提出了一个融入学习者情感模型的适应性学习系统模型，如图 7-2 所示。

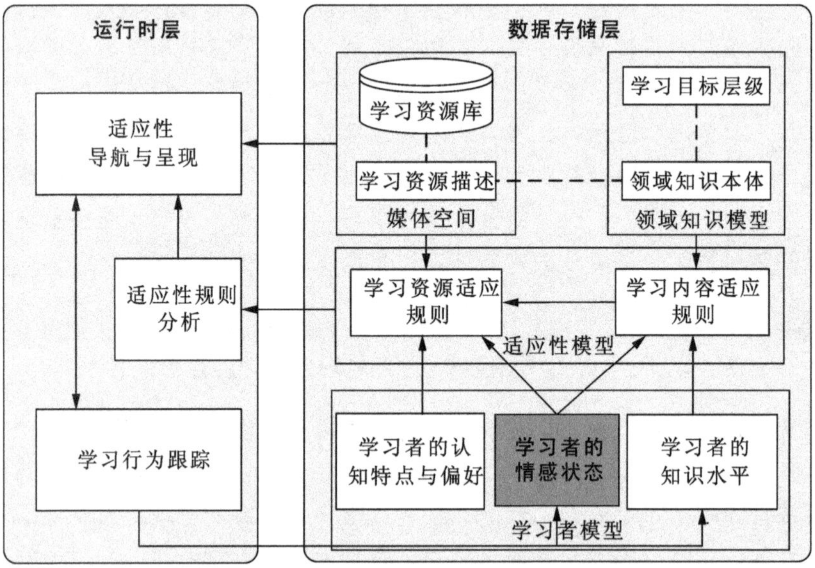

图 7-2　融入学习者情感模型的适应性学习系统模型

相对于 Karampiperis 和 Sampson 的 AEHS 通用模型，上述模型的一个最大特点是在学习者模型中加入了学习者的情感状态，而且这种情感状态对学习内容适应性规则和学习资源适应性规则都存在影响。此外，学习行为跟踪器不仅要根据学习者的行为更新学习者的知识水平，还要更新学习者的情感状态。不同于学习者的知识水平存在累积性，学习者的情感状态是临时性的。在某一时刻，学习者只存在一种情感状态，学习者之前的情感状态对当前的学习是没有影响的。因此，从时间角度来说，在学习者开始学习的时候，学习者情感模型中就应该存储学习者开始学习前的情感，适应性学习系统应该据此向学习者推送合适的学习资源。随着学习的逐渐推进，学习者的情感状态会发生变化，学习者情感模型应及时更新学习者当前的情感状态，适应性学习系统据此为下一阶段的学习推荐合适的学习资源。

如前所述，基于微博分析的学习者情感建模方法获取的是学习者在开始学习前的情感状态。因此，以下探讨的是适应性学习系统在学习者刚刚进入系统时，如何利用学习者情感模型来为学习者提供适应性的学习内容和学习资源。虽然在后续学习过程中学习者情感模型的更新需要使用其他情感感知方法（如基于面部表情的方法、基于认知评价的方法、基于生理信号的方法、基于身体姿态的方法、基于多模态信息的方法等）来完成，但适应性学习系统在后续学习过程中应用学习者情感模型的机理是一样的。

7.2 基于知识水平与情感状态的学习内容选择

适应性学习内容选择是适应性学习系统的一项基本功能。在传统的适应性学习系统中，系统主要是基于维果斯基的最近发展区理论来为学习者选择合适的学习内容。具体来说，就是以学习者模型中的知识水平为基础，依据领域模型中的知识链接关系，从中找出那些适合学习者当前状态的知识。在学习者模型中引入学习者的情感状态后，学习者的情感状态对学习内容的选择也具有重要的影响作用。下面我们将探讨基于知识水平和情感状态的学习内容选择机制。

7.2.1 基于主题图的知识与资源关联建模

为了实现学习内容的适应性选择，首先需要对领域知识进行建模。领域知识建模就是要以一种形式化的方式来描述某一领域中的知识单元及其相互关系，以便于知识的推理与导航。另外，为了实现后续的学习资源推荐，在领域知识建模时通常还需要建立知识单元与学习资源之间的关联。主题图是一种基于主题的信息资源组织方式，它在信息资源的上层构建一个结构化的知识网络，描述了主题之间的关系及主题与信息资源之间的联系[①]。因此，

---

① Pepper S，Infotek S.The TAO of Topic Maps：Finding the Way in the Age of Infoglut.[EB/OL][2019-11-26] from http://www.ontopia.net/topicmaps/materials/tao.html，2019-11-26.

主题图不仅能够实现领域知识的建模，而且能够实现领域知识与学习资源的关联，从而很好地支持适应性学习内容的选择。主题图的基本构成可以概括为三个概念、两层结构和一个模型。

三个概念分别是主题（Topic）、关联（Association）和资源出处(Occurrences)。主题是现实中某一事物对象的形式化描述，如“三国演义”、“罗贯中”等。主题可以有其特定的类型，如“罗贯中”的类型是“作者”。一个主题可以有多个名称，主题图中定义了三种名称：基本名称、显示名称和排序键值。关联描述了主题之间的语义关系，如“三国演义”与“罗贯中”之间是“写作”关系。关联将涉及的主题作为它的一个成员，并标明了主题在关系中扮演的角色。关联也可以有其特定的类型，通过关联类型可以将主题图中给定的主题按照关联类型进行聚合。资源出处标明了与某一主题相关的一个或多个信息资源。这种信息资源可以是独立于主题图外，也可以是包含在主题图之内。当一个主题通过资源出处与一个信息资源链接以后，用户便可以通过主题找到对应的信息资源。

两层结构是指信息资源层和知识网络层，二者既相互独立，又彼此联系。信息资源层由各种与主题相关的信息资源实体组成。这些信息资源可以是存在于主题图之内的一个文本片断，也可以是存在于主题图之外的一个文档、图片、视频、音频等。知识网络层描述了领域内的主题以及它们之间的关系，是对领域知识结构的一种形式化描述。在主题图的三个核心元素中，资源出处是信息资源层和知识网络层之间的纽带。知识网络独立于信息资源的两层结构使得主题的更新变得比较容易，而且不会影响信息资源本身。

三个概念和两个层次就构成了主题图的概念模型，如图 7-3 所示。

在使用主题图对领域知识进行建模时，本书将领域知识抽象为学习单元、必学知识点和选学知识点三类主题，并定义了四种关联来描述它们间的关系：包含、继承、顺序和对比。学习单元是组织学习活动的基本单元，每个学习单元下包含多个密切相关的知识点，根据学习目标分为必学知识和选学知识点。知识点是一个相对独立、完整的知识单元。知识点之间在纵向上通常存在包含关系和继承关系，在横向上通常存在顺序关系和对比关系。包含关系指两个知识点是一种整体与部分的关系，如“加法”是“算数运算”的一部分；继承关系指两个知识点是一种父与子的关系，如“直角三角形”是“三角形”的一个子概念；顺序关系指两个知识点是一种

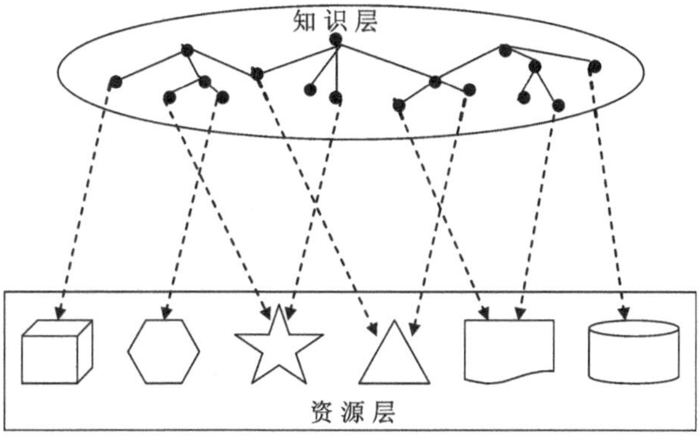

图 7-3 主题图的概念模型

先与后的关系，如学习“乘法”前应先学习“加法”；对比关系指两个知识点是一个相似或相对的关系，如“借位”与“进位”两个概念形式非常相似，易于混淆。

7.2.2 基于知识水平和情感状态的学习内容选择机制

在领域知识模型和学习者模型的基础上，适应性学习内容的选择策略主要包括两个方面：一方面，依据认知主义学习理论，以学习者现有的认知结构为基础向学习者推荐最可能产生有意义学习的学科概念。具体到适应性学习系统中，就是依据学习者模型中记录的知识掌握情况，结合领域知识模型中存储的知识点之间的顺序关系，从中选择出最适合学习者学习的知识点。另一方面，依据心理学中情感对认知灵活性的影响，以学习者当前的情感状态为基础，对同等优先级的知识点按照知识点的教学目标和难度进行再排序，从而进一步确定出最适合学习者当前状态的知识点。基于上述策略，学习内容适应性选择的运行机制如下：

（1）学习者登陆适应性学习系统后，选择一个特定的学习单元 LU，系统从领域知识模型中搜索出该学习单元包含的知识点（K_1，K_2，…，K_n）及其关系（R_{ij}），以及每个知识点的学习目标（G_1，G_2，…，G_n）。

（2）适应性学习系统依据领域知识模型中知识点之间的顺序关系，进一步从中检索出目标学习单元中每个知识点（K_i）的前驱知识点（PK_{i1}，PK_{i2}，…，PK_{im}），并依据学习者模型判断学生是否掌握了每个前驱知识点。如果学生没有掌握，则将该前驱知识点（PK_{ih}）及其与当前知识点间的关系（R_{ih}）加入学习者应该学习的知识点集合 LK 中，并继续检索其前驱知识点，一直迭代到学生掌握了 LK 中所有知识点的前驱知识点。

（3）依据 LK 中的知识点及其顺序关系，可以形成一棵知识点树（如图 7-4所示）。树的根节点是最后应该学习的知识点，树的叶子是应该最先开始学习的知识点。因此，将所有叶子节点对应的知识点作为最先开始应该学习的知识点，然后依据学习者的情感状态和这些知识点的难度、学习目标，进一步对这些知识点进行排序。排序的基本规则为：①如果学习者处于高兴状态，则优先向其推荐难度较大、学习目标层次较高的知识点；②如果学习者处于悲伤或生气状态，则优先向其推荐难度较小、学习目标层次较低的知识点；③对于难度相当、学习目标层次相同的知识点，随机安排顺序。

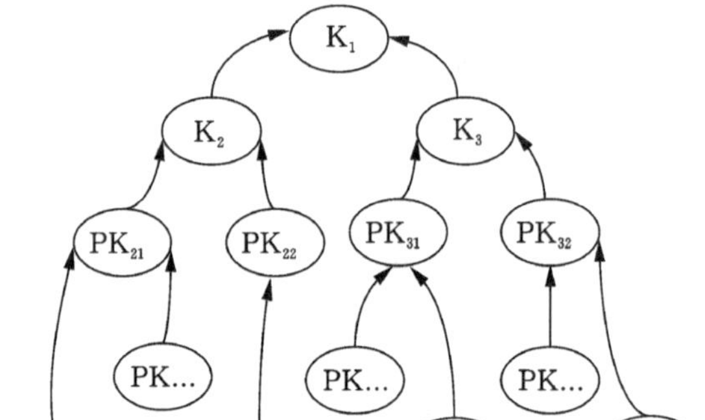

图 7-4　候选知识点层次树

（4）随着学习过程的逐渐推进，学习者的情感状态可能会发生变化。因此，当检测到学习者的情感发生变化后，要根据学习者新的情感状态进一步按照上一步的规则调整后续的知识点学习顺序，从而保证向学习者推荐的学习内容不仅是知识适应的，还是情感适应的。

7.3 基于学习风格与情感状态的学习资源推荐

在适应性学习系统中，同一个知识点通常对应多个不同的学习资源，每个学习资源具有不同的交互类型、交互程度和媒体类型等。适应性学习系统的适应性不仅表现在为学习者提供适应性的学习内容，还表现在为学习者提供适应性的呈现方式，即为不同的学习者选择不同的学习资源。现有的适应性学习系统主要依据学习者的学习风格来为其选择不同类型的学习资源，如东北师范大学的姜强等人开发的 SAELS（Semantic Adaptive E-Learning System）就是根据学习者的学习风格为其推荐不同抽象程度、不同媒体类型的学习资源[①]。在学习者模型中引入情感特征后，学习者的情感状态也直接影响着学习资源的适应性选择。下面我们将探讨基于学习风格与情感状态的学习资源选择策略与机制。

7.3.1 基于 LOM 标准的学习资源描述模型

为了实现基于学习风格和情感状态的学习资源的适应性选择，首先需要对学习资源进行语义化的描述。目前，对学习资源的描述主要采用元数据，比较著名的学习对象元数据标准有国际图书馆计算机中心（Online Computer Library Center，OCLC）的都柏林元数据核心集（Dublin Core Metadata Set，DCMS）、IMS 全球学习联盟的学习资源元数据规范（Learning Resource Metadata，LRM）、IEEE 学习技术标准委员会（Learning Technology Standards Committee，LTSC）的学习对象元数据标准（Learning Object Metadata，LOM）等[②]。

目前，应用范围最广的是 IEEE LTSC 研制的 LOM 标准。LOM 标准旨在为学习者或教育者等对学习对象的查找、评估、获取和使用提供支持，同时

---

① 姜强，赵蔚，杜欣，等.基于用户模型的本体学习资源推荐研究[J].中国电化教育，2010(5)：106-110.

② 吴砥，刘清堂，杨宗凯.网络教育标准与技术[M].2 版.北京：清华大学出版社，2011：25-45.

也支持学习对象的共享与互换。LOM 标准从 9 个方面描述了学习对象的各种特征，分别为：通用（General）、生存期（Lifecycle）、元-元数据（Meta-metadata）、技术（Technical）、教育（Educational）、权利（Rights）、关系（Relation）、评注（Annotation）和分类（Classification）。在这 9 个方面的元数据中，教育类元数据描述了学习对象在教育和教学方面的 11 项关键特征，对于学习资源的适应性选择具有重要作用。本书从中选取了 5 项特征来构建学习资源适应性选择规则，分别为：

（1）交互类型（Interactivity Type）：描述学习对象所支持的互动形式，包括主动式、讲解式和混合式。主动式学习对象能激励学习者产生有意义的输入或其他表现。讲解式的学习对象只向学习者展示信息，但并不鼓励学习者进行任何有意义的输入。如果学习对象混合了主动式和讲解式交互类型，那么它的交互类型就是混合式。

（2）学习资源类型（Learning Resource Type）：描述学习对象所属的具体类型，其取值空间为“媒体素材”、“试题”、“试卷”、“课件”、“文献资料”、“教学案例”、“常见问题解答”、“资源目录索引”、“网络课程”。适应性学习系统中的学习资源主要是各种课件，为了适应学习者的学习风格，本书将学习资源类型定义为文本型、视频型、交互型和综合型四类。

（3）交互程度（Interactivity Level）：描述学习对象需要学习者与之交互的程度。这里的交互是指学习者对学习对象的行为或其他方面所产生的影响程度。交互程度的数据类型是一个词汇表，取值空间为“很低”、“低”、“中”、“高”、“很高”。

（4）语义密度（Semantic Density）：描述学习对象的简练程度，它在一定程度上反映了学习内容表示的抽象程度。学习对象的语义密度可以通过它的大小、范围或持续时间（自身有时间限制的资源如音频或视频）来衡量。学习对象的语义密度与它的难度无关。语义密度的取值空间为“很低”、“低”、“中”、“高”、“很高”。

（5）难度（Difficulty）：描述学习对象对于典型的目标学习者来说的难易程度。它的数据类型也是一个词汇表，取值空间为“很容易”、“容易”、“中等”、“难”、“很难”。

7.3.2 基于学习风格和情感状态的学习资源推荐机制

学习风格是指人们在学习时所具有的或偏爱的方式，认知方式是其中最重要的一个部分，它表现为学习者在处理信息时的一种持续的潜在倾向。学习风格影响学习者对学习资料的感知、收集和加工处理方式，是影响学习行为和效果的最主要认知特征①。因此，很多适应性学习系统都将学习风格作为其学习者模型的一个重要组成部分，并据此向学习者提供个性化的学习资源或学习活动。从已有研究来看，目前在适应性学习系统中应用最多的学习风格模型是 Felder 和 Silverman 的学习风格模型②。该模型从四个不同的维度将学习者的学习风格依次分为活跃型-沉思型、感悟型-直觉型、视觉型-言语型、顺序型-全局型③。

从学习资源推荐的角度来讲，学习者在感知信息维度和输入信息维度上的个体差异具有重要意义。在感知信息维度上，学习者对学习内容的抽象程度表现出不同的偏好，据此将学习者的学习风格分为感悟型和直觉型。感悟型的学习者偏向于从具体的学习内容中推导出抽象知识，而直觉型的学习者则对抽象的概念和理论表现出更多的注意。据此，应该为感悟型的学习者推荐包含更多实例的学习资源，以减少学习内容的抽象程度；而对于直觉型的学习者则应该推荐讲解抽象理论较多的学习资源。在输入信息维度上，学习者对学习内容的呈现方式表现出不同的偏好，据此将学习者的学习风格分为视觉型和言语型。视觉型的学习者偏向于采用可视化的学习资源，如图形、图表、视频等，而言语型的学习者则更喜欢采用文字或语音形式的学习资源。因此，在学习资源选择过程中，应该为视觉型的学习者推荐更多包含图形、图表的多媒体学习资源或教学视频，而为言语型的学习者推荐以文字介绍为主的网页资源或课堂录音等。

---

① 菅保霞，姜强，赵蔚，李勇帆.大数据背景下自适应学习个性特征模型研究——基于元分析视角[J].远程教育杂志，2017(4)：87-96.

② 高虎子，周东岱.自适应学习系统学习者学习风格模型的研究现状与展望[J].电化教育研究，2012(2)：32-38.

③ 杨娟，张养力，黄智兴，刘洪涛，黄兴禄.Smap：可自适应 Felder-Silverman 学习风格模型的动态学习路径推荐工具[J].中国远程教育，2013(5)：77-86.

除了学习者的学习风格，学习者的情感状态对学习资源的选择也具有重要的意义。教育心理学的研究结果显示，人处在非常消极的情感状态时通常不适宜完成难度较高的任务，相反，人处在比较积极的情感状态时往往更有可能完成在正常状态下难以完成的任务。据此，当学习者处于高兴的情感状态时，可以向其推荐难度较大一些的学习资源，而当学习者处于生气或悲伤的情感状态时，则应该为其推荐难度较小的学习资源，甚至可以为其推荐一些与学习内容无关的调节性资源，如一个幽默笑话或一段励志短片等。此外，人处在消极的情感状态时往往不太喜欢过多的交互，而处在积极的情感状态时交互的积极性更高。据此，应该根据学习者的情感状态为其推荐不同交互类型、交互水平的学习资源。学习者的情感状态不仅影响着他对学习资源的难度、交互程度的需求，还影响着他对学习资源的媒体类型的需求。Chih-Ming Chen 等人研究了不同形式的多媒体学习材料对不同认知风格的学习者的情感状态和学习结果的影响[①]。实验结果表明，视频多媒体学习材料对于言语型的学习者来说，能够更好地促进和保持学习者的积极情感，而对于视觉型的学习者来说，不同的多媒体材料对学习者的情感状态没有明显影响。据此，当学习者处于悲伤或生气的负面情感状态时，即使是言语型的学习者，也应该为其推荐交互较少的视频多媒体学习资源。

根据以上分析，适应性学习系统在为学习者选择学习资源时，应该综合考虑学习者的学习风格和情感状态，为其选择难度、交互程度和媒体类型恰当的学习资源。具体来说，可参考表 7-1 中列出的一些学习资源适应性选择规则。

表 7-1　基于学习风格与情感状态的学习资源选择规则

学习风格	情感状态	学习资源的选择规则
感悟型	高兴	语义密度∈｛中，低，很低｝、难度∈｛中等，难，很难｝、交互类型∈｛主动型，综合型｝、交互水平∈｛高，很高｝
	悲伤或生气	难度∈｛容易，很容易｝、语义密度∈｛中，低，很低｝、交互类型∈｛讲解型｝、交互水平∈｛中，低，很低｝

① Chen C M, Sun Y C. Assessing the effects of different multimedia materials on emotions and learning performance for visual and verbal style learners[J]. Computers & Education, 2012, 59: 1273-1285.

续表

学习风格	情感状态	学习资源的选择规则
直觉型	高兴	语义密度∈｛高，很高｝、难度∈｛中等，难，很难｝、交互类型∈｛主动型，综合型｝、交互水平∈｛高，很高｝
	悲伤或生气	语义密度∈｛高，很高｝、难度∈｛容易，很容易｝、交互类型∈｛讲解型｝、交互水平∈｛中，低，很低｝
视觉型	高兴	学习资源类型∈｛视频型，交互型｝、难度∈｛中等，难，很难｝、交互类型∈｛主动型，综合型｝、交互水平∈｛高，很高｝
	悲伤或生气	学习资源类型∈｛视频型｝、难度∈｛容易，很容易｝、交互类型∈｛讲解型｝、交互水平∈｛中，低，很低｝
言语型	高兴	学习资源类型∈｛文本型，综合型｝、难度∈｛中等，难，很难｝、交互类型∈｛讲解型｝、交互水平∈｛中，低，很低｝
	悲伤或生气	学习资源类型∈｛文本型，综合型｝、难度∈｛容易，很容易｝、交互类型∈｛讲解型｝、交互水平∈｛中，低，很低｝

7.4 情感化自适应学习支持系统原型的实现

为了促使以上的情感化支持策略从理论走向教育实践，我们开发了一个情感化自适应学习支持系统原型。依据“融入情感模型的适应性学习系统框架”，情感化自适应学习支持系统原型的实现关键在于三个核心功能的突破：一是学习者微博的自动获取；二是学习者微博的情感分析；三是基于学习前情感的适应性学习内容和资源推荐。由于前面已对学习者微博的情感分析方法进行了较为详细的阐述，所以在此不再赘述，以下重点阐述学习者微博的自动获取方案和基于学习前情感的适应性学习内容和资源推荐。

7.4.1 学习者微博的自动获取

为了感知学习者的学习前情感，情感化自适应学习支持系统首先要能够获取学习者发布的微博。目前，微博数据的自动获取主要存在两种方案：基于页面解析的方法和基于开放 API 的方法①。基于页面解析的方法主要是利用网络爬虫程序将用户的微博页面抓取到本地并存储为网页文件，然后进一步从中解析出用户发布的微博。基于开放 API 的方法则是利用微博平台对外提供的开放 API 来直接获取用户发布的微博。第一种方法一般不需要用户的授权，第二种方法则必须要用户的授权。另外，第一种方法的技术复杂度较高，第二种方法则较为简单高效。综合考虑两种方案的特点和实际的应用情景，我们选择通过微博平台的开放 API 来实现学习者微博的自动获取。因为这种方法不仅简单高效，而且可以保障学生的知情权。在此，还是以新浪微博为例，介绍如何通过平台提供的开放 API 来获取学习者发布的微博。

情感化自适应学习支持系统要想通过新浪微博提供的开放 API 来获取学习者的微博，首先需要对它进行授权。新浪微博采用了 OAuth2.0 协议来实现用户对第三方应用的授权。OAuth 为用户资源的授权提供了一个安全、开放而又简易的标准，它允许用户让第三方应用访问该用户在某一网站上存储的私密资源（如照片、视频、联系人列表等），而无需将用户名和密码提供给第三方应用。OAuth 实现这一目标的关键是提供一个令牌给第三方应用，每一个令牌授权一个特定的网站在特定的时段内访问特定的资源。这样，OAuth 让用户可以授权第三方网站访问他们存储在另外服务提供方那里的某些特定信息，而非所有内容。

使用 OAuth 进行授权的过程涉及了三方实体：服务提供方、用户和客户端。服务提供方主要为用户提供数据存储和保护服务，用户就是数据的拥有者，客户端是要访问用户存储在服务提供方那里的数据的第三方应用。对应到学习者微博的获取过程，学习者就是用户，新浪微博平台就是服务提供方，我们开发的情感化自适应学习支持系统就是客户端。在对客户端进行授

---

① 廉捷，周欣，曹伟，刘云．新浪微博数据挖掘方案[J]．清华大学学报（自然科学版），2011，51(10)：1300-1305.

权之前，必须先到服务提供方那里申请客户端标识。在此基础之上，使用OAuth进行认证和授权的基本过程为：（1）当用户开始访问客户端网站时，客户端网站会将用户引导至服务提供方的授权页面请求用户授权；（2）用户在服务提供方的网页上输入用户名和密码，然后授权该客户端访问所请求的资源；（3）用户授权成功后，服务提供方引导用户返回客户端的网页，并从服务提供方那里获得访问令牌；（4）客户端使用获取的访问令牌访问存放在服务提供方上的资源。

理清OAuth的授权过程后，就可以利用微博平台提供的开放API来访问或操作用户的数据。新浪微博对外提供了丰富的开放API，使第三方应用程序能够很容易地访问和操作微博平台中的各项数据。常用的API包括OAuth2.0授权接口、微博接口、评论接口、用户接口、话题接口等。新浪微博API可以根据第三方应用程序的请求条件，将结果以XML或JSON文件的形式返回。XML是一种跨平台的强结构性标记语言，JSON是一种轻量级的数据交换格式，因此，第三方应用程序可以很容易地从这两种形式的返回结果中解析出需要的内容。

在开放API的基础上，新浪微博还提供了面向多种编程语言的SDK。SDK是建立在开放API基础上的一套软件开发包，其中封装了从授权认证到数据获取与解析的多种功能，使用SDK可大大降低程序开发的工作量和复杂度。目前，新浪微博对外提供了Java SDK、PHP SDK、Flash SDK、Javascript SDK、C++ SDK、Android SDK等14个版本的SDK。在这些SDK中，Java SDK得到了新浪官方提供的技术支持，具有较全面的功能和较稳定的性能。因此，我们采用了Java SDK来实现学习者微博的获取。具体的过程如下：

（1）在新浪微博开放平台上申请一个网页应用，获得应用的标识（包括App Key和App Secret），并填写用户授权成功后的跳转地址，在此应为情感化自适应学习支持系统的主页地址。

（2）在情感化自适应学习系统的登录页面为学习者提供一个使用新浪微博登录的链接。当学习者点击这个链接时，响应页面调用SDK中的授权接口将学习者引导至新浪微博的身份认证页面，要求学习者输入自己的新浪微博用户名和密码进行身份认证。为了将学习者引导至身份认证页面，响应页面只需要调用SDK中的OAuth2.0授权接口即可。

（3）学习者输入自己的新浪微博用户名和密码通过身份认证，新浪微博平台进一步将学习者引导至授权页面，提示学习者对情感化自适应学习系统进行授权（如图 7-5 所示）。如果学习者同意授权，新浪微博平台会回调到情感化自适应学习支持系统的主页，并通过 URL 向情感化自适应学习系统传递一个访问令牌。

图 7-5　情感化学习支持系统申请用户授权页面

（4）情感化自适应学习支持系统的主页基于新浪微博平台返回的访问令牌，利用 SDK 中的微博读取接口读取学习者的微博信息。情感化自适应学习支持系统主页获取访问令牌并读取学习者微博的关键代码如下：

```
String code = request.getParameter("code");
Oauth oauth = new Oauth();
AccessToken access_token = oauth.getAccessTokenByCode(code);
Timeline tm = new Timeline();
tm.client.setToken(access_token.getAccessToken());
try {
```

```
        StatusWapper status = tm.getUserTimeline();
        for(Status s : status.getStatuses()){
            out.print(s.getText()+"<br>");
        }
    } catch (WeiboException e) {
        e.printStackTrace();
    }
```

7.4.2 基于学习前情感的适应性学习内容和资源推荐

情感化自适应学习支持系统获取到学习者最近发布的微博后，就可以利用前面提出的情感分析技术来感知学习者的学习前情感，并进一步为学习者提供适应性的学习内容和学习资源。为了更直观地阐述情感化自适应学习支持系统如何利用学习者的学习前情感来为其提供适应性学习内容和资源，我们选取了《Java程序设计》这门课程中的“类与对象”这一章作为学习内容，开发了一个基于学习前情感的自适应学习内容和资源推荐案例。

在这个案例中，我们假设有一位微博账号为“Huang”的学习者，他一直通过这个微博账号来登录情感化自适应学习支持系统进行学习，而且他已学会了“类与对象”这一章中的部分知识点，包括“类和对象的定义”、“类的声明”、“构造方法”、“对象的创建和使用”，但是还没有掌握“对象的内存模型”、“方法参数的传值”、“静态变量和方法”、“this关键字”、“包的创建与声明”、“import语句”、“方法的重载与多态”、“访问权限控制”这些知识点。现在，如果这位学习者继续使用这个微博账号来使用情感化自适应学习支持系统进行学习，那情感化自适应学习支持系统会根据他的情感状态做出怎样的反应呢?

在学习内容推荐方面，依据7.2节提出的学习内容选择机制，情感化自适应学习支持系统会综合考虑学习者的知识水平和情感状态来为其推荐合适的学习内容。这里主要是指为学习者推荐不同难度的学习内容。首先，情感化自适应学习支持系统依据课程知识本体中记录的知识点之间的逻辑顺序，结合学习者已掌握的知识点，找出适合于学习者学习的所有知识点。然后，情感化自适应学习支持系统进一步判断学习者最近的情感状态，如果学习者处于较为积极的情感状况，那么可以优先为其推荐学习难度较大的知识点，如果学习者处于较为消极的情感状态，则为其推荐难度较低的知识点。知识点的难度也记录在课程知识本体中，难度等级一般依据布鲁姆的学习目标分类体系来设定。基于以上学习内容推荐策略，如果情感化自适应学习支持系统检测到学习者“Huang”目前处于较为积极的情感状态，它就会为其推荐“对象的内存模型”、“方法参数的传值”、“静态变量和方法”这三个知识点。如果情感化自适应学习支持系统检测到学习者“Huang”目前处于较为消极的情感状态，它就会为其推荐“包的创建与声明”、“import 语句”、“访问权限控制”这三个知识点。尽管以“Huang”目前的知识水平，这 6 个知识点都可以学习，但是由于前三个知识点难度较大，而后三个知识点难度较低，所以情感化自适应学习支持系统会进一步依据学习者的情感状态推荐不同的学习内容。

在学习资源推荐方面，依据 7.3 节提出的学习资源推荐机制，情感化自适应学习支持系统会综合考虑学习者的学习风格和情感状态来为其推荐合适的学习资源。这里主要是指为学习者推荐不同格式的学习资源。首先，情感化自适应学习支持系统依据学习者的学习风格为其推荐不同格式的学习资源，这里主要依据学习者偏好的信息加工方式将其分为言语型和视觉型。如果学习者为言语型的学习风格，则为其推荐含有文字和静态图片的学习资源；如果学习者为视觉型学习风格，则为其推荐含有视频的学习资源。然后，情感化自适应学习支持系统进一步判断学习者最近的情感状态。如果学习者处于较为积极的情感状态，则依据学习者的学习风格为其推荐学习资源；如果学习者处于较为消极的情感状态，则不管他是什么学习风格，都为其推荐含有视频的学习资源。基于以上学习资源推荐策略，如果情感化自适应学习支持系统检测到学习者“Huang”目前处于较为积极的情感状态，而且知道他是言语型的学习风格，则它就会为其推荐只含文字和静态图片的网页资源。如果情感化自适应学习支持系统检测到学习者“Huang”目前处于较为消极的情感状态，则无论他是什么类型的学习风格，都为其推荐含有视频的学习资源。具体情况如图 7-6 和 7-7 所示。

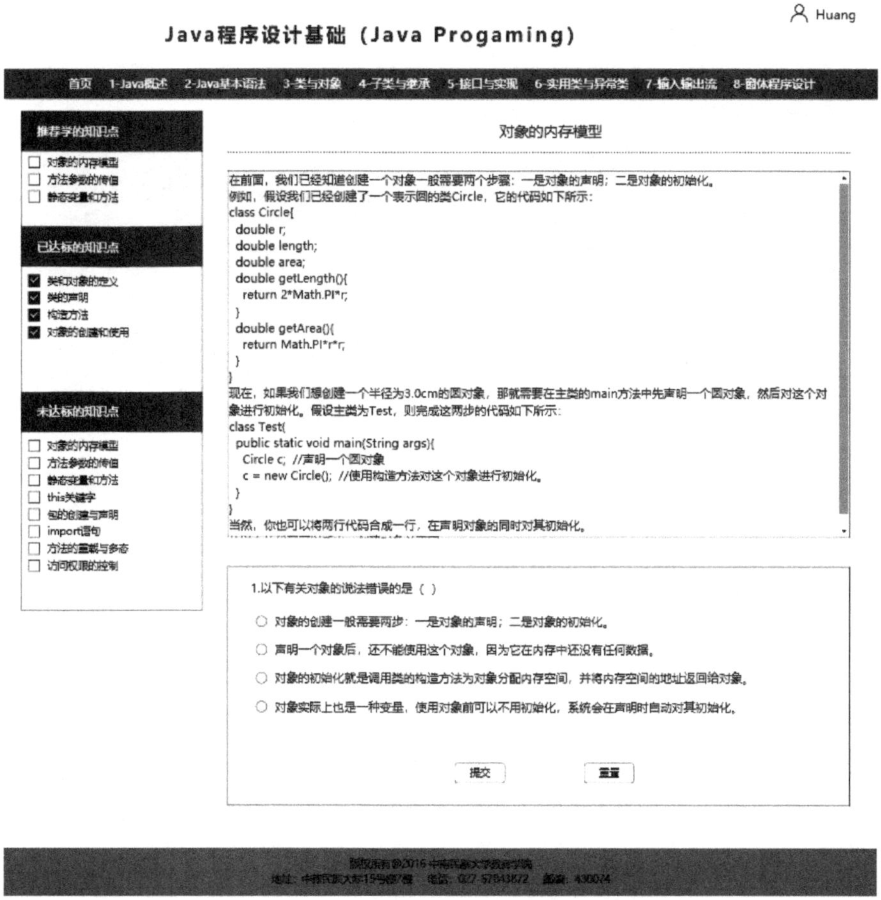

图 7-6 学习者处于积极情感状态时推荐的学习内容和资源

7.4.3 情感化自适应学习支持系统的有用性检验

在以上案例的基础上，为了检验情感化自适应学习系统的有用性，我们还做了一个简单的调查实验。选取某师范大学教育技术学专业的 30 名本科生作为调查对象，向其展示说明引入学习者情感模型前后适应性学习系统在学习内容和学习资源推荐上的变化，然后询问他们这两个方面的变化对其学

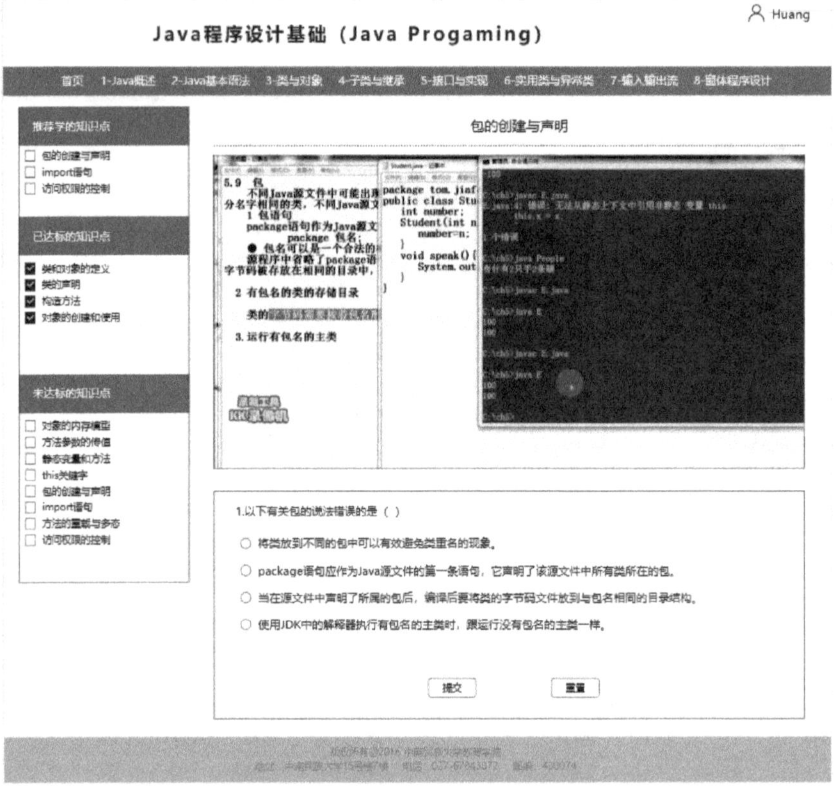

图 7-7　学习者处于消极情感状态时推荐的学习内容和资源

习过程是否有帮助。学生可供选择的答案包括帮助很大、有一定帮助、没有帮助和不确定。最后对调查的结果进行统计，如图 7-8 所示。

从调查的结果来看，80%以上的学习者认为考虑了学习者情感的自适应学习内容选择和学习资源推荐对他们的学习过程是有帮助的。这一结果说明，本研究提出的基于学习者情感的适应性学习内容选择和学习资源推荐策略是有效的。进一步访问那些认为这两种功能变化对他们的学习过程没有帮助的学习者，发现一个主要的原因是他们认为自己具有较好的情感调节能力，能够很好地将个人心情与学习分开而互不影响。这从一个侧面也说明，并不是所有的学习者都需要学习系统具有情感适应性，学习系统应该为学习者提供适应性功能的定制服务。

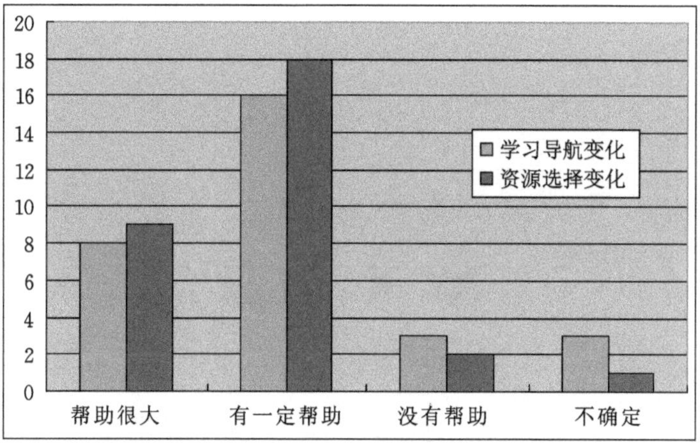

图 7-8　情感适应性对学习过程的影响

参考文献

［1］ 傅小兰.情绪心理学［M］.上海：华东师范大学出版社，2016.

［2］ 吴砥，刘清堂，杨宗凯.网络教育标准与技术［M］.2版.北京：清华大学出版社，2011.

［3］ 张华.课程与教学论［M］.上海：上海教育出版社，2014.

［4］ 张剑平.现代教育技术：理论与应用［M］.北京：高等教育出版社，2006.

［5］ MANNING C D，RAGHAVAN P，SCHUTZE H.信息检索导论［M］.王斌，译.北京：人民邮电出版社，2010.

［6］ SHIOTA M N，KALAT J W.情绪心理学［M］.周仁来，等译.2版.北京：中国轻工业出版社，2016.

［7］ 陈仕品.适应性学习支持系统的学生模型研究［D］.重庆：西南大学，2009.

［8］ 陈炯，张永奎.一种基于词聚类的文本特征描述方法［J］.计算机系统应用，2011，20(2)：211-215.

［9］ 陈浪舟，黄泰翼.一种新颖的词聚类算法和可变长统计语言模型［J］.计算机学报，1999，22(9)：942-948.

［10］ 常鹏，冯楠.基于词共现的文档表示模型［J］.中文信息学报，2012，26(1)：51-57.

［11］ 付忠良，赵向辉.分类器动态组合及基于分类器组合的集成学习算法［J］.四川大学学报(工程科学版)，2011，43(2)：58-65.

［12］ 郭怀恩，朱礼军，徐硕.词聚类技术研究综述［J］.数字图书馆论坛，

2010,(5):15-19.

[13] 菅保霞,姜强,赵蔚,等.大数据背景下自适应学习个性特征模型研究:基于元分析视角[J].远程教育杂志,2017(4):87-96.

[14] 高伟,王中卿,李寿山.基于集成学习的半监督情感分类方法研究[J].中文信息学报,2013,27(3):120-126.

[15] 何克抗.促进个性化学习的理论、技术与方法:对美国《教育传播与技术研究手册(第四版)》的学习与思考之三[J].开放教育研究,2017(2):13-21.

[16] 姜强,赵蔚,杜欣,等.基于用户模型的本体学习资源推荐研究[J].中国电化教育,2010(5):106-110.

[17] 廉捷,周欣,曹伟,等.新浪微博数据挖掘方案[J].清华大学学报(自然科学版),2011,51(10):1300-1305

[18] 刘群,李素建.基于《知网》的词汇语义相似度计算[J].International Journal of Computational Linguistics and Chinese Language Processing,2002,7(2):59-76.

[19] 李寿山,黄居仁.基于 Stacking 组合分类方法的中文情感分类研究[J].中文信息学报,2010,24(5):56-61.

[20] 廖莎莎,江铭虎.中文文本分类中基于概念屏蔽层的特征提取方法[J].中文信息学报,2006,20(3):22-28.

[21] 乔向杰,王志良,王万森.基于 OCC 模型的 E-learning 系统情感建模[J].计算机科学,2010,37(5):214—218.

[22] 石静,吴云芳,邱立坤.基于大规模语料库的汉语词义相似度计算方法[J].中文信息学报,2013,27(1):1-6.

[23] 闻彬,何婷婷,罗乐,等.基于语义理解的文本情感分类方法研究[J].计算机科学,2010,37(6):261-264.

[24] 王浩畅,赵铁军,郑德权,等.基于元学习策略的分类器融合方法及应用[J].通信学报,2007,28(10):7-13.

[25] 伍建军,康耀红.一种基于特征词聚类的文本分类方法[J].情报理论与实践,2007,30(1):109-111.

[26] 王万森,龚文.E-Learning 中情绪认知个性化学生模型的研究[J].计算机应用研究,2011,28(11):4174—4176.

［27］ 王万森，温绍洁，郭凤英.基于人工情绪的智能情感网络教学系统研究［J］.小型微型计算机，2006，27（3）：569-572.

［28］ 杨娟，张养力，黄智兴，等.Smap：可自适应 Felder-Silverman 学习风格模型的动态学习路径推荐工具［J］.中国远程教育，2013，（5）：77-86.

［29］ 杨利英，覃征，胡广伍，等.元学习策略及性能评价［J］.西安交通大学学报，2005，39（6）：570-573.

［30］ 杨武，宋静静，唐继强.中文微博情感分析中主客观句分类方法［J］.重庆理工大学学报（自然科学），2013，27（1）：51-56.

［31］ 周杰，林琛，李弼程.基于机器学习的网络新闻评论情感分类研究［J］.计算机应用，2010，30（4）：1011-1014.

［32］ 张晶，朱波，梁琳琳，等.基于情绪因子的中文微博情绪识别与分类［J］.北京大学学报（自然科学版），2014，50（1）：79-84.

［33］ 赵妍妍，秦兵，刘挺.文本情感分析［J］.软件学报，2010，21（8）：1834-1848.

［34］ BRUSILOVSKY P，MILLÁN E.User Models for Adaptive Hypermedia and Adaptive Educational Systems［M］//Brusilovsky P，Kobsa A，and Nejdl W.The Adaptive Web，LNCS 4321.Berlin Heidelberg：Springer-Verlag，2007：3-53.

［35］ ORTONY A，CLORE G L，COLLINS A.The cognitive structure of emotions［M］.Cambridge：Cambridge University Press，1988.

［36］ ALM C O.Affect in text and speech［D］.University of Illinois at Urbana-Champaign，2008.

［37］ UM E R，PLASS J L，HAYWARD E O & HOMER B D. Emotional Design in Multimedia Learning［J］. Journal of Educational Psychology，2011，19：1-14.

［38］ BAKER R S，D' MELLO S K，RODRIGOC M T，et al.Better to be frustrated than bored：The incidence，persistence，and impact of learners' cognitive-affective states during interactions with three different computer-based learning environments［J］.International Journal of Human-Computer Studies，2010，68：223-241.

［39］ CALVO R A，D' MELLO S. Affect detection：An interdisciplinary review of models, methods, and their applications [J]. IEEE Transactions on Affective Computing,2010,1(1):18-37.

[40] Chih-Ming Chen, Ying-Chun Sun. Assessing the effects of different multimedia materials on emotions and learning performance for visual and verbal style learners[J].Computers & Education,2012,59:1273-1285.

[41] CONATI C.Probabilistic Assessment of User's Emotions in Educational Games[J].Applied Artificial Intelligence,2002,16(7-8):555-575.

[42] D' MELLO S AND GRAESSER A. Automatic detection of learner's affect from gross body language [J]. Applied Artificial Intelligence, 2009 (23): 123-150.

[43] D' MELLO S K,CRAIG S D,WITHERSPOON A,McDaniel B & Graesser A. Automatic detection of learner's affect from conversational cues[J].User Model User-Adap Inter,2008,18:45-80.

[44] D' MELLO S K, GRAESSER A. Multimodal semi-automated affect detection from conversational cues, gross body language, and facial features[J].User Model User-Adap Inter,2010,20:147-187.

[45] FEIDAKIS M, CABALLÉ S, Daradoumis T, Jiménez D G & Conesa J.Providing emotion awareness and affective feedback to virtualised collaborative learning scenarios [J]. International Journal of Continue Engineering Education and Life-Long Learning,2014,24(2):141-166.

[46] JAQUES P A, VICARI R M.A BDI approach to infer students emotions in an intelligent learning environment[J].Computers & Education, 2007,49:360-384.

[47] KARAMPIPERIS P, SAMPSON D. Adaptive learning resources sequencing in educational hypermedia systems[J].Educational Technology & Society,2005,8 (4):128-147.

[48] MORIDIS C N, ECONOMIDES A A. Affective Learning: Empathetic Agents with Emotional Facial and Tone of Voice Expressions[J].IEEE Transactions on Affective Computing,2012,3(3):260-272.

[49] MORIDIS C N, ECONOMIDES A A. Prediction of student's mood during an online test using formula-based and neural network-based method[J].

Computers & Education,2009,53(3):644-652.

[50] NEVIAROUSKAYA A, PRENDINGER H, ISHIZUKA M. Affect analysis model: Novel rule-based approach to affect sensing from text [J]. International Journal of Natural Language Engineering,2011,17(1):95-135.

[51] ORTIGOSA A, MARTÍN J M, CARRO R M. Sentiment analysis in Facebook and its application to e-learning [J]. Computers in Human Behavior, 2014,31:527-541.

[52] PALTOGLOU G, THELWALL M. Twitter, MySpace, Digg: Unsupervised sentiment analysis in social media [J]. ACM Transactions on Intelligent Systems and Technology,2012,3(4):66-84.

[53] PICARD R W, VYZAS E, HEALEY J. Toward machine emotional intelligence: Analysis of affective physiological state [J]. IEEE Transactions on Pattern Analysis and Machine Intelligence,2001,23 (10):1175-1191.

[54] PTASZYNSKI M, DOKOSHI H, OYAMA S, et al. Affect analysis in context of characters in narratives[J]. Expert Systems with Applications,2013,40: 168-176.

[55] WOOLF B, BURLESON W, ARROYO I, et al. Affect-aware tutors: recognising and responding to student affect[J]. International Journal of Learning Technology ,2009,4(3/4):129-164.

[56] XIA R ZONG C, LI S. Ensemble of feature sets and classification algorithms for sentiment classification [J]. Information Sciences, 2011, 181: 1138-1152.